QUESTIONS
SUR L'ART
EN FAIT D'ARMES,
OU DE L'EPÉE
DEDIÉES
A MONSEIGNEUR
LE DUC
DE BOURGOGNE,

Par le Sr LABAT Maître audit Art de la Ville & Académie de Toulouse.

A TOULOUSE,
Chez Me G. ROBERT, Maître és Arts, &
Imprimeur à la ruë Sainte Ursule.

———————————

AVEC PERMISSION.
M. DCCI.
Se debitent chez l'Autheur prés les Jacobins.

A MONSEIGNEUR
LE DUC
DE BOURGOGNE.

ONSEIGNEUR,

QUELLE TEMERITÉ n'est-ce point à moi, que d'oser pré-senter à un aussi Grand Prince un

ã

Ouvrage si peu digne de lui être offert.
Estoit-ce à un homme du fonds des Pro-
vinces & sans erudition à se mêler
d'écrire, & sur une matiere que l'on
n'avoit point encore traitée. Quelques puissantes que fussent ces raisons elles m'ont parû sans force, lors
qu'il s'agit, MONSEIGNEUR,
de vous prouver mon zele. Vos Il-
lustres Ayeuls dont la grandeur d'a-
me, & la puissance de leurs armes
ont rempli l'Univers de leurs Augustes
Noms, n'ont point dedaigné les avis
que des Gens de la profession que
j'exerce ont eu la gloire de leur donner.
Vous-même, MONSEIGNEUR,
dont les actions servent de modele à
tous les Princes, avez bien voulu per-
mettre que vos mains destinées à fixer
la victoire se soient laissées conduire
dans les Regles d'un Art qui a don-
né lieu à ces Questions, & dans lequel les progrez que vous avez fait.
MONSEIGNEUR, ont surpassé

l'attente des plus habiles. Le plaisir que vous avez témoigné avoir, tant dans la pratique de cet exercice, que par les assauts que vous avez honorez de vôtre presence, me donnent lieu d'esperer que vous recevrez favorablement mon hommage, & que vous me permettrez de me dire avec un profond respect,

MONSEIGNEUR,

Vôtre trés humble & trés obeïssant serviteur.

LABAT.

PREFACE.

Aprés avoir traité dans mes livres precedens des bottes, de leurs maniere, & de leur occasion, j'ay crû que ces Questions ne seroient point inutiles, qu'en formant l'idée elles donnoient le gout, & le gout le moyen de bien faire : si sans le gout l'on ne peut raisonner juste d'une chose, comment l'executer comme il faut, & quoy qu'il y aye de la distance de sçavoir, à bien faire, l'on peut par le gout & le tems y parvenir, au lieu que sans cela tout ce que l'on fait est inutile.

Si les redites sont condamnables, je suis sans excuse d'avoir mis dans ce livre quelques chapitres de ceux qui sont dans mes precedens écrits.

PREFACE.

Mais comme ils font mieux placez icy qu'ailleurs, que j'y ay fait quelque petit changement, & que bien de gens ne les auroient point veus s'ils n'étoient dans cet ouvrage, j'ay lieu de me flater que plusieurs prendront ma défense.

Quant aux dernieres questions, je ne doute pas que ceux qui ne connoitront point l'ignorance de certains Maîtres, ne croient qu'elles font de mon invention. Quelle apparence que des gens ayent assez de foible pour donner si fort dans le faux; la raison & l'experience s'opposent à ce que je leur fais dire. Mais lors que l'on connoîtra qu'ils n'ont ni l'une ni l'autre, l'on croira aisement ce que j'avance.

Le manque de connoissance des belles lettres, le peu de tems que me donne pour faire un livre l'arrivée du grand Prince à qui j'ay l'audace de le dedier, n'être point favorifé d'aucun avis, font des chofes qui femblent demander quelque grace en ma faveur, fi elles ne la peuvent point obtenir, je me flate que la nouveauté pourra fuppléer à beaucoup de fautes, perfonne que je fçache n'ayant écrit fur ce fujet. Et fi je n'ay point la gloire de la courfe, j'efpere celle d'avoir couru le premier.

PERMISSION.

LE PROCUREUR DU ROY.

VEU la presente Requête n'empêche l'impreſſion du Livre intitulé *Queſtions en fait d'Armes ou de l'Epée* avec les inhibitions requiſes en la preſente Requête. Fait à Toulouſe ce 15. Janvier 1701.

DE GILEDE, Avocat du Roy.

PErmis l'impreſſion requiſe avec les défenſes requiſes. Le 18. Janvier 1701.

DE CARRIERE, Jugemage.

QUESTIONS

SUR L'ART

EN FAIT D'ARMES,

OU

DE L'ÉPÉE

L'Ecolier. L'Inclination que j'ay euë pour l'Art des Armes, loin d'avoir diminué par mon peu de succez, a pris de nouvelles forces à la veuë de vos leçons & de vos écrits: au lieu de devenir adroit, je me suis habitué dans plusieurs défauts par la fausse metode de ceux qui m'ont montré; j'espere pourtant

A

vec le ſecours de vos inſtructions de m'en corriger, & de reparer avec une application conſtante le tems que j'ay perdu à cet exercice.

Le Maître. Vous êtes encore aſſés jeune pour cela ; d'ailleurs l'inclination que vous faites paroître jointe aux belles diſpoſitions que vous avez naturellement pour cet Art me donnent lieu de croire que je pourrois reformer vôtre goût, & redreſſer vôtre pratique, ſi vous voulez employer à cela tout le tems qui eſt neceſſaire.

L'Ecolier. Je n'ay point tardé juſqu'à preſent à m'apercevoir de ce que vous dites, & quoy que je ne penetre que foiblement dans cet exercice : j'y entre aſſez pour connoitre l'erreur de bien de gens : qui croient que tous ceux qui montrent ſont également habiles : que le nom de Maître les met dans le plus haut degré d'adreſſe & de ſçavoir, & qu'il ne faut qu'exercer un certain temps sous quelque ce soit, pour être en état de se défendre.

Le Maître. Je serois plus surpris que je ne suis, si je n'avois oüi parler de cette erreur; elle est d'autant plus grande, qu'il n'est point de personne raisonnable, qui ne sçache que dans tous les arts, exercices & professions, il y a des Maîtres habiles & d'autres qui ne le font pas. Si l'on dit que tous les Docteurs ne sont point doctes, l'on peut dire que tous les Maîtres ne sont point habiles, ceux qui le sont perfectionnent de plus en plus leur ouvrage, & les autres loin de prendre des moyens pour cette fin, s'en éloignent à proportion qu'ils travaillent. Mais quand tous seroient habiles, ce qui n'est point, comme je vous ferai voir dans la suite. Il est necessaire que l'Ecolier pour être adroit aye de la disposition, de belles regles, & de la pratique; si l'un

de ces trois manque, les deux autres
sont sans succez ; que peut un naturel & une pratique sans regle, ou
que peut une belle metode sans aptitude & sans pratique?

L'Ecolier. Je sçay bien qu'il est autant necessaire d'avoir de la disposition dans les exercices que de l'aptitude dans les sçiences, mais j'ignore
les qualitez, ou les parties qui composent cette belle disposition.

Le Maître. La belle disposition comprend une parfaite harmonie des organes & des parties du corps ; par
celles des organes, j'entens l'unifor-
mité de la veuë & de l'idée, qualitez
qui étant unies avec les parties du
corps, forment les accords & la justesse des mouvemens dans l'occasion.
Il faut joindre à cela le genie à connoitre le fort & le foible de l'ennemi,
aussi bien que le nôtre, afin de l'attaquer dans son foible, & l'obliger à
nous attaquer dans nôtre fort. L'on

doit encore avoir de la conception,
de la memoire, & de la volonté ; par
la premiere on entre dans ce qui est
demontré, la deuxiéme fait que l'on
s'en ressouvient, & l'inclination unis-
sant la pratique avec l'Art, fournit le
dernier trait à la perfection ; il faut
outre cela dans l'assaut ou dans le
combat que le cœur, comme le cen-
tre d'où part ce qui donne le mouvement à tout, possede également une
ardeur genereuse & un flegme judicieux, l'un pour aller autant que la
valeur le permet, & l'autre se mena-
geant avec prudence, éviter la temerité.

L'Ecolier. Je vous avouë que je
n'avois point prevû qu'il fallût dans
l'Art des Armes tant de qualitez & de
parties ; avant de parler de celles du
corps, ayez la bonté de m'expliquer
les qualitez de la veuë & de l'idée.

Le Maître. L'œil étant à la main
ce que la main est à l'épée, c'est à

dire la cauſe principale de ſon action, comme la main eſt la cauſe inſtrumentelle de celle de l'épée, il eſt neceſſaire que la veuë ſoit fine, tant pour diſcerner la qualité de l'action que l'inſtant qu'elle commence: n'en diſtinguant point la qualité, l'on riſque de pouſſer lors qu'il faut parer, & de parer lors qu'il faut faire autre choſe, & manquant à découvrir le commencement de l'action, la main n'agiſſant qu'aprés cette découverte, part trop tard pour s'y oppoſer.

L'Ecolier. La veuë ſe perfectionne-t'elle par l'exercice, de même que les parties du corps?

Le Maître. L'on ne peut point douter que l'uſage ne la mette en état de diſcerner de plus en plus & la naiſſance du tems, & la qualité, c'eſt à dire les feintes d'avec les coups; preuve de cette verité, c'eſt qu'un homme qui n'a preſque point appris, non ſeulement aprés avoir eſté averti ne pare pas les coups pouſſez dans un certain point de viteſſe, mais même il ne les aperçoit pas partir; cependant s'il exerce un tems conſiderable, quand bien celuy qui luy donne exerceroit à proportion, il les évitera, ce qu'il ne pourroit faire ſans les voir; & pour ce qui eſt de diſtinguer la feinte du coup ou autre mouvement, l'experience fait voir que ceux qui ont pratiqué un certain tems ne s'ébranlent que rarement, quelque action qu'on leur faſſe, au lieu que ceux qui manquent d'habitude ſe deſordonnent au moindre mouvement, la veuë n'étant point habituée ſe trouble & dérange toutes les parties du corps.

L'Ecolier. Je ne peus maintenant douter que la veuë ne ſe diſpoſe comme les parties du corps. Expliquez-moi ceque c'eſt que l'idée.

Le Maître. C'eſt une image qui ſe forme dans l'entendement, laquelle favoriſée de la volonté oblige les esprits à couler dans les parties que l'on veut faire agir ; ces esprits coulant, suivant le dessein, font que les parties du corps par l'exercice agissent conformement à ce dessein ou à cette image. Ce qui fait que plus elle se trouve belle, l'aptitude ou l'action en ont plus de grace & de brillant.

L'Ecolier. Je comprens l'avantage que donne une belle idée dans les Armes, & je voi qu'elle est autant utile dans les principes pour faire de beaux mouvemens, qu'elle est necessaire à faire un ouvrage d'esprit, ce qui devroit me donner lieu d'être pleinement persuadé, de tout ce que vous avez avancé, cependant il faut que je vous avouë que j'ay de la peine à comprendre que l'on doive avoir dans l'assaut comme dans le combat un certain point de fermeté d'ame, comme s'il y avoit du danger avec un fleuret.

Le Maître. Il est vrai qu'il paroit
extraordinaire

extraordinaire d'apprehender des fleurets, lesquels pliant comme font ordinairement ceux de l'assaut, ne peuvent guere blesser, cependant l'on voit souvent l'experience de cette crainte, même à des personnes qui se battroient hardiment à l'épée ; plusieurs raisons prouvent ce que j'avance. La premiere, lors que l'on fait contre des jeux brouillons, dont les mouvemens dereglez & les contre tems, font risquer du visage ou des mains, & quoi que ces coups soient rarement dangereux ; beaucoup de gens, & sur tout les nouveaux Ecoliers les apprehendent. La deuxiéme, lors que faisant contre des gens beaucoup superieurs, avec lesquels l'on ne peut, soit qu'on attaque ou que l'on défende, faire des mouvemens sans être frapé. La troisiéme est une timidité naturelle causée par la crainte de perdre la reputation que l'on a acquise, lors que l'on doit faire contre des personnes diſtinguées par leur adreſſe, ou par leur naiſſance, ou devant des ſpecta- teurs conſiderables par leurs qualitez, par le nombre, ou par leur ſçavoir, ſemblables à cet Indien qu'Alexandre vouloit voir tirer de l'arc, lequel pre- fera d'être conduit au ſupplice, plû- tôt que de s'expoſer à perdre une re- putation qu'il s'étoit acquiſe, appre- hendant que la majeſté d'un ſi grand Roi le fit manquer.

L'Ecolier. Quoi que je n'aye com- pris qu'à preſent les divers ſujets qui c auſent l'apprehenſion dans les aſſauts, j en avois ſouvent veu les effets en pluſieurs occaſions, & à diverſes per- ſonnes, c'eſt pourquoi je n'en ſuis plus ſurpris : mais je ne puis m'empé- cher de l'être lors que vous dites que de ces mêmes gens il s'en peut trou- ver qui agiroient vigoureuſement à l'épée.

Le Maître. Quoi que les fleurets ne bleſſent point, cela n'empéche pas que l'on n'aye de l'apprehenfion, lors que les cas que j'ay citez fe rencontrent. Le reffentiment ni la gloire n'entrent point dans cette occafion, le flegme triomphe, au lieu qu'à l'épée, quoi que le danger foit évident au moindre défaut, l'honneur, ou la neceffité à défendre fa vie, ou un chagrin animent fi fort, que plufieurs fongent moins au danger qu'à la gloire, ou à la vangeance.

L'Ecolier. Je voi par ce que vous venez de dire que bien de gens font dans l'erreur. Combien y en a-t-il qui voyant qu'un homme craint à l'affaut, difent, que feroit-il à l'épée? Cependant il eft certain qu'il y en a qui font mieux à la pointe qu'au bouton. Mais laiffons cette queftion; la paffion que j'ay de connoitre les chofes ne me permettant point de fouffrir de doute, agreez que je vous dife qu'il me femble que lors que vous m'avez expliqué que la veuë fe for-

moit par l'exercice, vous avez dit qu'-
un homme qui n'a point appris, ne
peut non ſeulement parer les coups
tirez de viteſſe, que même il ne les
voit point parûr, cependant qu'avec
le tems il les eviteroit, ce qu'il ne
pourroit faire ſans les voir, quand
même celui qui lui donnoit exerceroit
à proportion, ce qui me paroit impoſſible, puis que la proportion de l'exercice fortifie également celuy qui
pouſſe & celuy qui pare, & fait que
le premier conſerve toujours ſon
avantage.

Le Maître. Pour détruire vôtre pre-
tenduë impoſſibilité, il faut remarquer que celuy qui donne ayant exercé long tems, ne profite point à proportion de celuy qui ne fait que commencer, la nature & l'art étant preſque entierement épuiſez; je veux dire que le corps quoi qu'aydé par la
regle & la pratique n'acquiert que
lentement de nouvelle vigueur; les

progrez vont d'autant plus lentement que l'on approche de son terme. Celuy qui ne fait que commencer étant plus éloigné, va plus vîte, le corps se disposant fournit actuellement plus de qualitez, ce qui fait que dans certain tems il approche, il égale, & quelque fois laisse derriere celuy qui avoit pris le devant; l'on peut ajouter qu'il est plus facile de parer que de fraper, sur tout lors que l'on est averti, tant parce qu'il faut que dans le coup toutes les parties agissent & avec étenduë, au lieu que pour parer il ne faut que le poignet, même par un mouvement fort court.

L'Ecolier. Il est vray que je m'étois trompé, & dans un cas qui me paroissoit ne pouvoir être autrement, ce qui me donnera lieu de parler avec plus de circonspection, de ne croire pas à la simple apparence, laquelle à moins d'estre tres habile est souvent trompeuse. La maniere dont vous

m'avez expliqué la diſpoſition des organes m'a trop ſatisfait pour negliger
d'apprendre celles des parties du
corps.

Le Maître. La diſpoſition du corps
comprend une belle tournure, la vigueur, la ſoupleſſe & la legereté,
parties qui étant unies avec les organes, forment par la regle, & par
la pratique une agreable dexterité.

L'Ecolier. Qu'eſt - ce qu'une belle
tournure ?

Le Maître. C'eſt une proportion
de chaque partie du corps, ſuivant
les regles que l'art a inventé ou imi-
té de la perfection de la nature. Cette proportion doit être non ſeulement à chaque partie en particulier,
mais à toutes en general ; je veux dire qu'il ne ſuffit pas que chaquune
ſoit bien formée par rapport à ſoi,
il faut qu'elles ayent un juſte raport
entre elles, que les bras ſoient ſuivant le corps, le corps ſuivant la tê-

te, & ainſi du reſte. A cela il faut encore ajoûter un certain je ne ſçai quoi qui eſt l'ame de la bonne grace.

L'Ecolier. Je vous écoute avec beaucoup de plaiſir. Expliquez-moi je vous prie ce que c'eſt que la vigueur, la ſoupleſſe & la legereté.

Le Maiſtre. La vigueur eſt une force nerveuſe & vive ; ſon action a plus de feu, & ſon nerf plus de fermeté & de ſoupleſſe, que ce que l'on nomme communement force. La ſoupleſſe eſt une aiſance ou douceur moëleuſe, laquelle doit eſtre égale à tous les nerfs ; ſa qualité demande un certain point de vigueur, ſans lequel ce ſeroit molleſſe. La legereté eſt un compoſé de vigueur & de ſoupleſſe, qualitez qui forment l'égalité. Outre ces qualitez il faut que les parties ſoient unies, afin de ſe communiquer égallement & dans l'inſtant qu'il faut, leur ſoupleſſe, & leur vigueur.

L'Ecolier. C'eſt la premiere fois que j'ay oüi dire qu'il faut étre uni dans les armes : ayez la bonté de me dire ce que c'eſt, & à quoi cela eſt utile.

Le Maiſtre. L'on peut étre deſuni de deux manieres ; l'une lors que les parties n'agiſſent point dans le méme inſtant, & l'autre, lors que dans l'action leur viteſſe n'eſt point égale, ce défaut, quoy que peu remarqué, eſt tres-conſiderable pour deux raiſons. La premiere eſt que les parties étant deſunies, loin de ſe communiquer leur force & leur liberté, les unes retiennent les autres. L'autre raiſon eſt que devant partir lors que le tems ſe preſente, & ce tems n'étant qu'un inſtant preſque indiviſible ; & ſi quelque partie retarde, le coup manque cet inſtant & perd l'occaſion de ſon ſuccez. Vous n'ignorez point que tout ce qui ſe fait de beau dans la nature, ſoit par le mouvement des aſtres ou des hommes, ne ſe peut faire que

que par les accords, ou par l'harmonie des corps qui les compofent. Cela étant, comment peut on bien faire un exercice fans cette unité ; c'eft elle qui foutient également les hommes & les Empires.

L'Ecolier. Ce que vous dites eft fi certain que je fuis furpris comment les Maîtres n'ont point parlé d'une chofe fi neceffaire. Mais comme ce que vous venez de dire fuffit pour me convaincre & pour m'inftruire fur ce point. Je vous prie de me dire quelle taille eft la plus propre pour bien faire des armes.

Le Maître. Pour répondre à ce que vous me demandez, il faut renger les hommes fous trois tailles, les grands, les mediocres & les petits ; les grands, lors que leur difpofition eft bien conditionnée, ont plus de preftance, plus de force & plus d'étenduë. Mais il eft tres dificile de leur procurer ces qualitez. Comme

il n'y a rien qui ait plus de grace qu'-
un grand homme lors qu'il eſt bien
formé, auſſi il n'y a rien de plus deſ-
agreable lors qu'il n'a point cet avantage, les défauts étant plus grands à
proportion que ſa taille eſt haute.
Quant à la force ils en ont plus que
les autres, mais elle eſt plus peſante
& plus lente dans ſon action, les eſprits n'étant point en aſſez grand nombre pour les faire agir avec la dexterité qu'il faut, & quand même la
quantité en ſeroit aſſez grande, les
parties étant fort éloignées, il leur
faut plus de tems pour les parcourir.
Ils ont l'avantage de prendre plus aiſement du fort au foible que les autres, & ont plus d'étenduë, c'eſt à dire qu'ils ſont à la portée de leurs coups
ſans que les petits ſoient à la portée
des leurs: mais comme leurs coups
& leurs retraites n'ont pas beaucoup de viteſſe, ils ont peu de ſuccez ſans danger. Les petits ont or-

dinairement plus de vivacité & de brillant, un petit nombre d'efprits les fait agir avec dexterité ; ils ont du jarret pour fe détacher & pour fe retirer avec plus de promptitude que les autres : mais outre qu'ils n'ont point la bonne grace des grands , ils ne peuvent pouffer que de fort prés , ce qui leur eft dangereux, ne pouvant étre à leur portée, fans effuyer les coups de ceux qui y font. De plus il leur eft tres-dificile de pouffer du fort au foible, au lieu que cela eft tres- facile à un homme de grande taille. Si les mediocres n'ont point un air auffi majeftueux que les grands , du moins la bonne grace y eft plus ordinaire, elle eft même plus avantageufe que chez les petits , & quant à la force , s'ils en ont moins que les grands , elle eft plus vive & plus agiffante, & fi elle brille moins que chez les petits, ils font plus puiffans , moins aifez à eftre pris dans le foible, & ont plus d'étenduë, si bien qu'ayant moins de défauts que les grands, & plus de qualitez que les petits, j'infere que leur taille est la plus propre. Vous voyez par là que je suis éloigné de ceux qui sous des noms supposez, parlent des qualitez dont ils se flatent, ma taille n'approchant point de celle pour qui je decide.

L'Ecolier. Quoy que toutes les tailles ayent produit dans les exercices des gens adroits, il y en a plus dans celle que vous dites que dans les autres. Messieurs les Ecuyers sont de vôtre opinion, ils tiennent qu'un grand homme embarrasse un cheval, qu'il a les aydes trop éloignées, & que les petits n'en ont presque point. Cependant si mes prieres ne vous font point de peine, ayez la bonté de me dire à quel âge l'on doit commencer d'aprendre, pour exceller dans l'Art des Armes.

Le Maître. En fait des sciences, des arts & des exercices, l'on ne peut trop tôt les apprendre, puis qu'on ne peut trop tôt les sçavoir; dés qu'un enfant commence à parler on doit luy apprendre à lire, si l'on tarde davantage c'est autant de perdu, le tems que l'on y employe aprés seroit plus propre pour perfectionner ce que l'on auroit déja sçû. Il faut imiter les Peintres & les Sculpteurs qui appliquent leurs enfans à dessigner aussi-tôt qu'ils sont en état de manier le crayon. En fait des Armes, quand on commence à marcher un peu ferme, on devroit aprendre à se tenir droit, & à former de bonne grace les attitudes de la garde & de l'alongement. Cela s'aprendroit d'autant mieux pour lors, que le corps n'a point eu le tems de se déranger, ce qui n'est guere plus dificile à faire, qu'à marcher naturellement. Cette force que tout le monde demande pour le succez, viendroit non ſeulement plûtôt, mais encore dans un degré plus avan-tageux, l'on acquerroit en même tems l'âge, la taille, la vigueur & l'adreſſe; l'on ſçait qu'il n'y a qu'un certain tems pour les exercices, ce qui fait qu'il eſt neceſſaire de commencer à bonne heure, à moins de vouloir reſter dans une ſphere fort mediocre, s'il faut plus de tems lors que l'on commence jeune, que lors que l'on eſt dans un âge plus formé, l'on execute auſſi d'une autre fineſſe, l'art n'é-tant que pour donner un beau natu-rel; plus l'on commence jeune, plus ce naturel s'unit avec l'art, & l'art avec le naturel. Et comme il eſt aiſé à un enfant de ſe rendre naturel un langage étranger, & qu'il eſt impoſ-ſible à un homme fait de le parler dans ſa perfection, l'on doit inferer que l'on ne peut ſe perfectionner dans l'Art des Armes, à moins de com-mencer fort jeune.

L'Ecolier. Je voy qu'il faut commencer jeune, & continuer long tems pour exceller dans les sciences ou dans les arts, qu'outre ce que vous m'avez dit de la belle disposition, il faut une longuë pratique & un habile Maître pour cultiver l'une & l'autre ; c'est pourquoi je vous prie de me dire les parties qu'un habile Maître doit avoir.

Le Maître. Pour bien exercer un art, sur tout celuy des Armes, il faut qu'un Maître soit également honnete homme & habile, tant pour montrer avec l'application qu'il doit, que pour contribuer à une belle éducation, il est necessaire pour cet effet qu'il sçache ce qu'honnetement l'on ne doit pas ignorer, l'usage du monde, l'histoire, & par dessus tout les bonnes mœurs, & ne point ressembler à certains Maîtres dont l'ignorance, l'incivilité & la saleté du discours tendent plus au vice qu'à la vertu.

L'Ecolier. Il eſt certain que le Maî-tre qui ne montre que par interêt s'acquite mal de ſon devoir ; il faut pour le remplir dignement qu'une plus noble idée le faſſe agir. Mais plus je goute ce que vous dites, plus je voi des Maîtres avilir cette pro-feſſion, tant par leurs mœurs, que par leur incapacité ; d'où vient que ces ſortes de gens s'aviſent de montrer, ſuppoſé que l'on puiſſe donner ce nom à ce qu'ils font faire.

Le Maître. Dites plûtót que vous êtes ſurpris que des Ecoliers puiſſent éſperer d'en apprendre: mais comme ce n'eſt pas le tems à vous parler ſur ce ſujet, je dirai qu'il n'eſt point ſur-prenant que des ignorans profeſſent cet Art. La facilité qu'ils trouvent à l'enſeigner dans leur maniere, les eri-ge ſans eſſai, ſaus apprentiſſage , & ſans preſque avoir été montrez , à ſe donner du nom de Maître. Quoi de plus aiſé que de mettre bien ou

mal

mal en garde, faire de même pousser de quarte, de tierce, de seconde, montrer des feintes, des engagemens, des parades & des ripostes, parler du dedans, du dehors, du dessous, du fort, du foible, de se tenir droit, & de pousser vîte ; avec ces termes prononcez aussi souvent mal à propos, que les attitudes & les mouvemens sont sans regle, beaucoup d'ignorans ont passé pour habiles.

L'Ecolier. Je ne suis plus surpris de ce grand nombre de Maitres par la facilité à le devenir, j'entens dans la qualité que vous venez de dire. Dites moi maintenant les parties qu'un Maitre doit avoir pour bien montrer.

Le Maître. Outre la disposition du corps pour démontrer les mouvemens & les attitudes dans la regle & le brillant qu'il faut, il est nécessaire que le Maitre aye beaucoup de génie & d'experience ; l'un est un don de

la nature que la theorie & la pratique
perfectionnent, & l'autre l'effet d'un
long exercice ſous des hebiles Maitres. Ces deux qualitez luy feront
connoitre, ſi l'Ecolier eſt mal adroit
par le peu de diſpoſition, ou par le
peu d'aide qu'il ſe donne. Le manque de diſpoſition ne peut être que
par la molleſſe, par l'engourdiſſement,
ou lors que les parties ſont deſunies.
Aux premiers il s'employera à les animer, ou à les dégourdir, il unira
ceux qui ſont deſunis, & ceux qui
manquent à ſe donner des aydes, ſoit
par indolence, ou manque de conception & de memoire ; il fera voir
aux premiers l'utilité de l'exercice,
& il n'embarraſſera point les autres
par de differentes leçons ni par de
longs diſcours ; il animera ceux qui
ont trop de flegme ou de timidité,
& fera retenir ceux qui ont trop d'ardeur, afin que les uns executent vivement, & que les autres par leur ar-

deur inconsiderée, ne s'expofent à être pris fur le tems, ou à perdre la juftelle ou la vitelle de leurs coups.

L'Ecolier. L'on ne peut mettre en doutte que pour bien montrer, il faut de la difpofition & beaucoup d'experience, l'une eft bonne pour un Ecolier copifte, & l'autre à faire agir fuivant les regles ; mais je ne voi point qu'il foit fi neceffaire d'avoir du genie, la difpofition & la pratique fuf-fifant affez pour bien montrer.

Le Maiftre. C'eft moins par l'ex-perience que par le genie que l'on connoit la difpofition & le naturel de ceux que l'on veut drefler. C'eft par cette qualité qu'on montre la manie-re, & les coups qui leur convienent, & quoy que les regles foient judi-cieufement inventées, elles ne font utiles qu'à ceux dont les parties ont quelque raport à les executer, lors que le naturel s'y trouve oppofé, il faut que le genie fe levant au deffus de l'art fraye une route auſſi nouvelle que la diſpoſition de l'Ecolier eſt peu commune, lors que je dis qu'il ne faut point toujours ſuivre la regle, ce n'eſt qu'aux habiles que je parle, les autres ne l'ont point connuë, ils ont beau dire que chaqu'un a ſon jeu, il n'y a qu'une metode certaine dans les Armes, comme il n'y a qu'une verité dans la nature. Lors qu'on dit que chacun a ſon jeu, c'eſt des Ecoliers & non des Maitres qu'on doit l'entendre, leſquels doivent avoir les mêmes regles, quoy que les coups qu'ils montrent ſoient differens par l'eſpece, ſuivant l'inclination & la diſpoſition de ceux qui aprenent, montrant aux uns d'attaquer par des engagemens, ou par des feintes, & aux autres à ſe tenir ſur la défenſe, par des tems ou par des riſpoſtes.

Le Maître. J'entre dans ce que vous dites, & je comprens qu'il y a autant de difference dans la diverſité des inclinations & des dispositions, que dans celle des visages, ce qui fait que pour les cultiver il est neces- saire d'avoir du genie, ce que peu de gens ont remarqué, & qui me don- ne lieu de dire, que, quoy que les ha- biles Maitres se distinguent, & qu'ils soient les mêmes lors qu'ils commen- cent ou finissent les Ecoliers, il est certaines occasions; qu'à moins d'é- tre connoisseur ou prevenu de sa ca- pacité l'on n'en juge point à son avan- tage, certains sujets l'empechent de paroitre ce qu'il est, semblable à ces grands hommes capables de montrer les sciences les plus sublimes, qui n'enseignant que de petits écoliers, n'ont point lieu de paroitre ce qu'ils sont. Que le sort de ceux qui profes- sent les sciences & les exercices est à plaindre; la matiere sur laquelle ils travaillent est souvent opposée à leur sçavoir & ne leur donne point lieu, comme dans les autres arts, de pa-

roitre ce qu'ils font, ce qui m'oblige de vous demander si un habile
Maitre peut dresser toute sorte d'écoliers.

Le Maistre. Quoi qu'il soit neces-
faire pour exceller dans l'Art des Armes, que le naturel favorise autant
l'art, qu'il faut que l'art ayde le naturel, cela n'empeche point que tous
les écoliers ne puissent sçavoir faire,
si un habile Maitre les montre un
certain tems. Pour entrer dans ce que
je dis, il faut remarquer deux adres-
ses comme opposées, l'une dans l'attaque & l'autre dans la défense. La
premiere est sujette à la vitesse de son
execution dans l'entreprise, & l'autre
à la risposte ou au tems. L'une a besoin de la hardiesse & de la vigueur,
& l'autre ne demande qu'un flegme
à se prevaloir de l'occasion. Comme
il n'est point d'écolier qui ne puisse
par l'application posseder une de ces
deux qualitez, on peut dire qu'il n'en

est point qui ne puisse avec l'art & le rems devenir adroit, quoi que l'on n'excelle pas. Comme en fait de musique & de danse, l'on peut être habile sans approcher de Mrs de Lully & de Beauchamp. De même dans les Armes, quoy qu'éloignez de certains qui ont excellé, on peut parvenir, si ce n'est pas à un point où la victoire est comme certaine, du moins à celuy de la bien disputer. Enfin je dirai comme cet ancien que l'homme bien montré peut sçavoir tout ce qu'il veut bien apprendre.

L'Ecolier. Je n'avois point cru que l'habileté du Maitre peût aller á dresser tous ceux qui aprenent ; j'avois même oüi dire qu'il est des gens qui ne feroient jamais bien.

Le Maître. Ceux qui tiennent ce langage, ou ne sçavent pas ce que c'est, ou veulent dire que ces gens ne travailleront point le tems qu'il faut, ou avec l'application necessaire.

L'Ecolier. Il est vrai qu'un travail opiniatré surmonte toutes choses ; & je croi que comme il est des difficultez que nôtre esprit ne peut comprendre , & que pendant certain tems il croit impossible, qu'il paroit de même impossible que certaines gens fassent bien des armes , n'en jugeant que par ce qui se presente à nos yeux; ce qui n'a pas toujours du raport à sa fin.

Le Maître. Ce qui se presente dabord n'est pas assez certain pour y faire quelque fondement. J'ay souvent trouvé des écoliers dont pendant long tems on n'avoit pas lieu d'esperer , se changer tout à coup; & d'autres qui dans le commencement faisoient esperer beaucoup, & qui dans la suite ne faisoient rien.

L'Ecolier. Je voi que ce que vous dites est certain : mais cette veuë n'étant qu'à peu prés comme celle de ceux qui voient la clarté du jour sans

sçavoir

sçavoir ce qui la cause. Je vous prie de me dire d'où vient que des écoliers, de qui on n'espere point dans le commencement reussissent à la fin, & que ceux dont le commencement donne lieu d'esperer beaucoup, ne fassent quasi rien dans la suite.

Le Maître Cela dépend de ce que parmi des bonnes parties il s'en trouve des mauvaises qui obscurcissent les bonnes & les empechent de paroitre qu'après qu'un long exercice a disposé celles qui ne l'étoient pas. Si un homme qui a de la vigueur, se trouve engourdi, cette bonne partie ne paroitra point dans sa qualité qu'après qu'un long exercice l'aura entierement assoupli, lequel dissipant la roideur qui le tenoit contraint, luy donne lieu d'agir avec liberté. D'autres ont de la pesanteur & de la mollesse, ce qui fait dabord juger qu'ils ne peuvent point faire:

E

mais comme c'eſt le propre de l'exercice, de fortifier & de rendre leger,
avec le tems & la bonne metode ils
deviennent adroits. D'autres ſont deſunis ou naturellement dérangez, &
avec des bonnes parties ſont long
tems mal adroits, par la fauſſe maniere de s'employer : mais un Maître judicieux donnant avec le tems les par-
faits accords à ces parties, fait qu'à
la fin elles ſe communiquent leurs
qualitez, & procurent un ſuccez heureux, quoy que retardé. D'autres
dans l'aſſaut, qui par une ardeur in-
conſiderée donnent lieu pendant long
tems, par la quantité des occaſions
qu'ils preſentent, & par celles qu'ils
perdent, de douter s'ils feront jamais,
mais l'art & le tems formant d'une
partie de cette ardeur le flegme qu'il
faut, leur donne lieu d'executer dans
l'occaſion. Enfin on en voit, qui ſujets à l'aprehenſion ſe trouvent parta-
gez entre l'envie de donner & la crain-

te de recevoir ; dans l'un s'ils atta-
quent, l'action ne leur étant point
naturelle est toujours faite à contre
tems, outre qu'ils ne vont jamais au
corps, soit par leur trop d'attache-
ment au fer, ou par la retenuë de
leurs coups ; & si on les attaque, on
les met dans un si grand desordre qu'-
ils ne peuvent plus en sortir, cependant si ces gens sont élevez par des
habiles Maîtres, & qu'ils . . . ,

L'Ecolier. Je vous prie avant
autre chose de m'expliquer si on
peut guerir de la crainte, ayant oüi
dire à plusieurs Maîtres qu'il étoit impossible de la surmonter.

Le Maître. Quoy qu'il soit trés-
dificile de sortir de son naturel, &
de guerir de l'aprehension, elle se
peut dissiper, si ce n'est point entierement, du moins en partie. On sçait
que la crainte est un mouvement de
l'ame qui s'ébranle & cede en veuë
d'un peril évident ou imaginaire, si

bien que par de frequens aſſauts on ſe fortifie, & par la parade que l'on acquiert ce peril évident ſe trouve diſſipé; & quant à l'imaginaire, il ceſſe par l'experience qui fait voir le contraire de ce que l'imagination craignoit. Combien de gens, quoi que naturellement hardis, treſſailliſ-ſent au moindre feu, la premiere fois qu'ils ſont à l'occaſion. Combien d'autres d'un naturel oppoſé ſont in-trepides dans les plus perilleuſes, à force de s'y être trouvez. Quant aux aſſauts de ceux qui craignent, il faut plus de menagement, qu'à ceux qui ſe poſſedent, on ne doit de long tems les faire exercer qu'à leur leçon, à pouſ-ſer & parer à la muraille, evitant dans le commencement les broüillons & les ſuperieurs, leur donnant au contraire des écoliers reglez & moins forts. Par cette metode on les forti-fie, & on les met avec le tems en état de donner ſouvent & de ne guero recevoir, ce qui fait que leur naturel change; & s'il ne deviennent determinez, du moins ils ceſſent de craindre, étant certain qu'un homme pour ſi pureux qu'il ſoit naturellement, ſe raſſure lors qu'il n'eſt que foiblement attaqué, comme auſſi, à moins d'une extreme fermeté, il ſe décontenance, s'il eſt attaqué avec l'impetuoſité d'un homme courageux & adroit.

L'Ecolier. Je goute maintenant ce que vous dites, & que pour guerir de l'aprohenſion il né faut de long tems faire aſſaut, & lors qu'on en fait que ce ſoit contre des gens plus reglez que forts, avec leſquels on puiſſe aiſément ſe défendre, ne s'expoſant point contre d'autres avant de s'être beaucoup accoutumez avec les premiers: il faut même que ceux qui viennent enſuite, quoique plus forts que les precedens, ne le ſoient point tant que l'écolier que l'on veut dreſ-

ſer , afin que l'habitude de battre diſ-
ſipe l'idée d'eſtre battu. Mais aprés
n'avoir expliqué que de gens peuvent bien faire, quoy que pendant
long tems cela paroiſſe impoſſible , je
vous prie de me dire comment des
gens dont les commencemens donnent lieu à l'eſpoir d'un prompt ſuccez n'ont point une fin qui y ré-
ponde.

Le Maître. Rien de ſi difficile que
de connoître l'homme ; ſon application au moyen de l'uſage decide de ce qu'il doit eſtre ; ſi on s'eſt
trompé au ſujet de ceux qui ont à la
fin reuſſi, l'on ſe trompe quaſi auſſi
ſouvent à celuy de ceux dont les commencemens font eſperer des prompts
ſuccez. Un homme ſe preſente de
bonne grace , ſe met en garde & alon-
ge à peu prés ſuivant les regles , il a
du nerf, de la legereté & de la ſoupleſſe. Qui ne croiroit que dans peu
il fera quelque choſe ; cependant s'il

est indolent, s'il manque de gout, s'il se flate, s'il veut faire assaut avant le tems; enfin s'il manque d'aplication; ce beau naturel, les aydes du Maître & la longueur du tems, n'en feront qu'un mal adroit.

L'Ecolier. Ce que vous dites me fait comprendre ce que peut une forte inclination lors qu'elle est suivie de la regle & d'un long exercice. obligez-moi maintenant de me dire si un Maître qui n'est point habile pourroit avec le tems dresser un homme qui eût de la disposition & de l'inclination.

Le Maître. S'il y avoit des regles sans exception, je pourrois facilement me tirer d'affaires, disant qu'on ne peut point donner ce qu'on n'a pas; qu'un Maître ne peut faire connoitre & moins encore pratiquer un bien sans qu'il le connoisse luy-même, mais comme vous souhaitez de sçavoir plus precisément les choses, je

dirai que l'on ne peut point rendre
adroit sans demontrer clairement la
maniere & l'occasion de ce qu'on doit
entreprendre. La maniere comprend
les situations & les regles des mouvemens ; par les situations on entend
les attitudes de la garde, des alonge-
mens, des parades, des degagemens,
des engagemens, des feintes, des
passes, des voltemens, du joindre &
de la retraite ; où l'on doit observer à
chacune la perfection de la distance,
de l'alignement, de la hauteur, de la
liberté, de la fermeté & de la bon-
de grace : parties qui formant un tout
composent l'agreable & l'utile. A la
regle du mouvement il faut deux choses, la premiere un certain air ou essor communiqué par une vigueur aisée, au poignet, aux coudes, aux
épaules, aux hanches & aux jarrets.
Et la deuxiéme le peu d'étenduë de
l'action de l'épée : car s'éloignant de
la ligne dans l'attaque ou dans la défense

fenſe, on n'inſulte pas ſi aiſement par
le retardement que le detour fait faire, outre que le moindre faux tems
ou feinte de l'ennemi, oſte le moyen
de ſe trouver à tems á la parade. L'occaſion comprend l'inſtant, ou le tems
que l'on doit faire une action, ſi c'eſt
pour pouſſer, on ne le peut, quelque coup qu'on porte, qu'en prenant
ſon tems, ou prenant le tems. Et quoi
que j'aye parlé dans mon Livre du même tems du tems, au tems, ou du faux
tems, cela vient aux deux que je
vai vous expliquer. Prenant ſon tems,
c'eſt lors que favoriſé de la meſure
& du placement de nôtre épée ſur celle de l'enemi, on la trouve inferieure à la nôtre; ce qui ſe peut de trois
manieres, la premiere lors que nous
avons plus de force que luy; la deuxiéme, s'il avoit plus de force que
nous, le prenant plus dans le foible
de ſon épée que dans celuy de la nôtre (moyen qui repare l'inferiorité de

nôtre force) Et la troisiéme, lors que l'ennemi étant couvert & avisé ne souffre pas qu'on se place avantageusement sur son épée; il faut pour lors se placer également, & attendre qu'il ait le dessein de faire quelque coup, parce que lors qu'il pense à se tenir couvert du côté que nôtre épée se trouve, ou qu'il veut s'attacher à la parade, les esprits secondant la volonté communiquent leur vigueur à l'épée; au lieu que lors qu'il a le dessein de degager ou de faire feinte, comme à ces mouvemens il faut se ramolir, les esprits qui donnoit la vigueur à l'épée venans à se retirer, la laissent foible, ce qui donne lieu à celuy qui la sent par son appuy, de connoitre l'instant favorable de son coup. Prendre son tems, c'est de partir par un mouvement opposé à celuy de l'ennemi dans l'instant qu'il commence à le faire. On le nomme tems, étant l'occasion favorable de nôtre

action. Pour le prendre avec metode,
l'on doit mesurer ses forces à celles
de l'ennemi, s'il est superieur, égal,
ou inferieur. Aux premiers, on ne
doit partir que sur des grands tems,
à nos égaux sur des mediocres, & à
nos inferieurs presque sur tous indif-
ferament: outre cela il faut connoitre l'occasion & la figure du tems,
l'occasion doit estre dans la naissan-
ce du mouvement, l'ennemi ne pouvant commencer à se découvrir, &
se couvrir dans le même instant, &
ainsi parer nôtre coup. Pour la figure à le prendre, si c'est sur un alongement de l'ennemi, il faut volter ou
baisser le corps, mais si c'est dans le
tems qu'il marche, qu'il fait feinte,
ou quelque autre action de l'épée ou
du corps, il faut pousser dans la figure qui convient au côté découvert.
Il faut outre cela qu'un Maître aye
beaucoup de jeu, tant pour montrer
les coups, & les contres, que pour

faire attaquer & défendre toutes les
gardes. On ne peut ſans du fonds &
du genie déveloper les ruſes de l'ennemi, l'intriguer & le ſurprendre par
les nôtres. Toute ſorte de gens ont
tôt ou tard beſoin d'une grande diverſité de coups ; les adroits ayant à
faire avec des gens qui le ſont auſſi,
avec leſquels on doit plus combattre
de tête que de la main ; les mediocres, lors qu'ils font contre des plus
forts, & même contre leurs égaux,
ne pouvant ſans fineſſe ſe défendre
des premiers, & battre les autres ; &
les mal adroits en ont encore plus de
beſoin, qu'il leur eſt impoſſible ſans
la ruſe & la prevoyance, de ſuppleer
à leur manque d'adreſſe, rompant la
meſure à leurs ſuperieurs, & par la
diverſité de leurs attaques triompher
de leurs égaux. Je vous laiſſe à pen-
ſer ſi ſans ces parties un Maitre peut
dreſſer un écolier, quelle inclination
& quelle diſpoſition qu'il poſſede : ce-

pendant j'en ay vû montrer, qui ne sçavoient que cinq ou six mechants coups, sans termes, sans aydes, & sans occasion, & ce qui est de plus plaisant se croyant avec cela fort habiles.

L'Ecolier. Il est vrai qu'il y a peu d'ignorans qui ne se croyent habiles, leur esprit autant borné que leur sçavoir les persuade qu'il n'y a point de finesse, ou du moins que celle qu'ils sçavent, semblables à ces anciens qui ne croyoient d'autre terre que celle dont ils avoient la connoissance: mais si on n'est heureux qu'à proportion que l'on est content de soy, les ignorans sont plus satisfaits que les habiles; ils ne risquent que d'estre sifflez des connoisseurs dont le nombre n'est pas fort grand, & d'ailleurs étant sans scrupule, ils ne se mettent pas en peine de devenir ce qu'ils devroient être, au lieu que les habiles tout habiles qu'ils sont se trouvans éloignez de la perfection, tachent à la découvrir, en quoy ils trouvent des difficultez qui les rendent souvent mécontens d'eux-mêmes : mais pour revenir à ce que vous venez de dire, j'ay compris qu'un Maitre qui n'est point habile, loin de dresser ôte la grace naturelle, & fait par son dereglement que l'on s'expose à se faire tuer. Cependant si je ne vous suis point importun, permettez que je vous dise que comme peu de gens goutent les choses, plusieurs vantent des Maitres ignorans, parce que de leurs écoliers auront quelque avantage contre d'autres qui ont esté bien montrez ; conséquence, quoy que fausse, qui trouve bien de gens pour la soutenir, & qui m'oblige à vous prier de m'en faire voir le ridicule, afin de les en convaincre.

Le Maître. Il n'est pas plus mal-aisé de vous satisfaire, qu'il est peu surprenant que des écoliers d'un ignorant ne puissent avoir de l'avantage contre certains d'un habile Maitre, des gens qui n'ont point esté montrez l'ont quelque fois si l'on jugeoit de l'art par le succez de ces assauts. On diroit que le desordre est plus avantageux que la regle, & qu'il est mieux de n'avoir point apris que d'avoir esté montré : mais comme la raison & l'experience detruisent cette erreur, l'une par la demonstration, & l'autre par le changement des sujets, je veux dire qu'au lieu de novices ou de sujets mal disposez, qui sont les seuls contre qui les ferrailleurs peuvent avoir quelque succez, ils rencontrent un dégourdi, qui ayant exercé les bonnes regles leur ôte le moyen de se défendre, & ne leur laisse que celuy de se détromper. Ce qui fait que l'écolier d'un méchant Maitre a du succez contre celuy d'un habile, c'est au moyen du tems d'exercice, ou de la disposition des parties, il faut remarquer que la regle & la vigueur aisée sont deux qualitez dans les armes dont la derniere eſt plus utile aux commençans que la plus reguliere metode, laquel-le eſt ſans ſuccez, ſi le tems d'exer-cice n'a degourdi & animé les parties juſqu'à un certain point, au lieu que la vigueur determinée peut reüſſir ſans la regle, contre des novices dont la metode eſt ſans ſoutien : mais comme l'on ne doit point juger des choſes par certains ſuccez, qu'il faut avant de decider d'un bon ou d'un faux princi-pe ſuppoſer aux éleves à peu prés une égalité par la diſpoſition & par le tems d'exercice. L'égalité ſuppoſée, je de-mande lequel aura l'avantage, de ce-luy qui pratiquera les regles, ou de celuy qui ne les pratiquera point, de celuy qui obſerve les attitudes, qui poſſede la connoiſſance du tems & de la meſure, qui exerce les aydes de la viteſſe, ou de celuy qui ignore ces qualitez. Ce n'eſt pes aſſez que la bonne regle aye l'avantage par l'é-galité de la diſpoſition & du tems,

je

je vous dirai qu'elle abrege celuy
d'exercer. Je suppose pour c'est effet
que deux sujets d'une mediocre &
égale disposition travaillent, l'un d'un
Maître habile, & l'autre d'un qui ne
l'est point. Il est certain que celuy
de l'habile dans environ huit mois,
ou deux ans, battra celuy de l'autre, quand bien il travailleroit le
double & le triple, & qu'il fut par-
venu au plus haut point que son
Maître le peut élever, ce qui n'est
pas beaucoup, par deux raisons ; l'une
que ces Maîtres ne peuvent pas donner une grande vitesse, ne connois-
sant point la parfaite situation des
parties, l'air ni la regle des mouvemens ; la deuxiéme que n'ayant point
de fonds, leurs écoliers sont faciles
à estre intriguez, & donnent d'autant plus aisement dans les pieges qu'-
ils ne les connoissent point. Si bien
que ne pouvant être adroit sans la
vitesse & la connoissance, on doit in-

G

ferer que leurs écoliers ne ſont jamais
forts. Et quoy que celuy du Maitre
habile, n'ay point atteint dans dix-
huit mois ou deux ans ſon dernier
periode, il eſt aſſez fort pour profiter
des défauts que cauſe le déreglement,
le manque de viteſſe & de lumiere,
à un écolier mal montré. Ce n'eſt pas
tout que d'abreger le tems par la bonne metode, lors que la diſpoſition eſt
égale; j'avance que quand elle ſeroit
inferieure, on peut dans certain tems
quoy qu'égal à celuy qui a plus de
diſpoſition, avoir de l'avantage ſur luy.
Je dis dans certain tems : car de pen-
ſer que ce fût avant de poſſeder la regle, ce n'eſt pas cela, je ſçay que l'art
n'étant qu'ébauché ne produit point
un avantage à oppoſer avec ſuccez,
à la diſproportion que le naturel a mis
entre deux. Je ſuppoſe qu'ils travaillent un tems à maiſtriſer ce qu'on
leur montre. Pour lors je dis que ce-

luy qui n'étoit point disposé au secours
de l'exercice & des aydes de l'habile
Maitre, battra celuy qui avoit plus
de disposition, laquelle n'ayant point
esté bien cultivée, a plus de desordre que de regle; & comme c'est le
propre de la regle de triompher du
desordre, & non point au desordre
à triompher de la regle, il est facile
à decider.

L'Ecolier. Vous me faites comprendre qu'il est autant dificile de connoitre un habile Maitre par ses écoliers
avant qu'ils ne maitrisent ce qu'il
Montre, qu'il est mal aisé de juger
de la capacité d'un Architecte ou d'un
Statuaire, par les premieres pierres
que l'un fait poser, ou par les premiers coups de cizeau que l'autre donne. Il faut dans les armes non seulement disposer la matiere, luy donner certaine forme, il faut encore la
finir; c'est la fin qui couronne l'œu-
vre, & qui donne la gloire à l'ou-

vrier, Ce n'est pas pas tout de faire
dans les veritables principes, quoy
que sans cela l'on ne puisse bien faire, on doit les executer avec adresse.

Le Maitre. Pour connoître la necessité d'avoir un habile Maitre, vous
devez remarquer, qu'il y a des écoliers dont le riche naturel & le long
exercice donne lieu à copier de bonnes choses, & à profiter d'un avis,
mais de qui les Maitres bornez leur
laissent ignorer non seulement plusieurs finesses desquelles ils seroient
en état de se servir avec succez, mais
encore leur souffrent mille fautes grof-
sieres, ne sçachant point se placer,
entreprenant sans regle & mal à propos, faisant des mouvemens retardez
& perilleux, ignorant les attaques &
les défenses des gardes, ne gaignant,
ni ne rompant la mesure à propos,
ne sçachant intriguer ni interrompre;
en un mot n'étant que des écoliers
mal adroits & ignorans, au lieu que

fous un bon Maitre ils auroient efté adroits & habiles. Ce n'eft pas tout, comme l'habileté du Maitre confifte à tirer le parti le plus avantageux de chaque difpofition. Combien y a-t'il d'écoliers, dont les coups n'approchent qu'à deux ou trois pouces du corps ; que fi on leur avoit menagé un dixiéme plus de viteffe ces coups auroient frapé. Je m'explique, fi un point de viteffe fait parvenir mon coup malgré la parade de l'ennemi, de la fituation de ma garde, à deux pouces de fon corps ; un dixiéme plus de viteffe m'auroit procuré le tems de le fraper. Il en eft de même dans la defenfe ; on me fait une fein-te & on pouffe, je vai aux deux pa-rades fans m'écarter ; par cette regle l'ennemi n'approche qu'à deux ou trois pouces de mon corps ; fi je m'étois écarté d'un pouce, c'en étoit trop pour revenir en parade. Ce dixiéme de plus de viteffe fe peut prendre de la parfaite situation de la garde, du placement, du partir à propos, de l'essor & de la regle du mouvement.

L'Ecolier. Quoi que je feusse prevenu qu'il y avoit de l'avantage d'apprendre d'un habile homme ; je n'en avois connu l'extreme necessité qu'à present. Que de defauts, que de risques chez les ferrailleurs , tant par leurs mouvemens dereglez que par leur ignorance. Mais à proportion que je vous écoute, je sens augmenter ma curiosité, ce qui m'oblige à vous demander, d'où vient qu'il y a des écoliers qui prennent bien leçon, & ne sçavent pas faire assaut; & d'autres qui font bien assaut sans bien prendre leçon.

Le Maître. Il est vrai qu'il se trouve des gens qui font bien l'un sans bien faire l'autre, & beaucoup plus de ceux qui prennent bien leçon sans bien faire assaut, que de ceux que font bien assaut sans bien prendre le

çon. J'entens des gens qui ont esté
montrez , & non de ceux qui ont
exercé , lesquels peuvent par le naturel , & quelque habitude dans les
Salles se deffendre un peu contre
des novices , sans qu'ils sçachent rien
faire sur le plastron. La leçon peut
plaire au moyen de la tournure, de
la propreté des mouvemens & de la
regle des bottes. On peut avec ces
parties l'executer en mignature ,
rien ne s'oppose à l'entreprise ni au
succez , exempt de la passion de donner & de la crainte de recevoir, on
n'a point lieu de se broüiller, & per-
sone ne met en desordre ; on paroit aisement ce qu'on est, & quelque fois davantage, par les aydes que
le Maitre donne : Mais si dans l'assaut on ne se possede pas d'une maniere à prendre son parti dans l'occasion,
que le peu de jugement ou trop de
feu empêche de la connoitre ou d'en
profiter ; que l'apprehension retienne

les parties ou les deſuniſſe, ces défauts étant contraires à l'aſſaut ſans
l'être à la leçon, donne lieu avec les
qualitez que j'ay ſuppoſées qu'on prenne bien leçon, & qu'on faſſe à l'aſſaut le contraire. Quant à ceux qui
ſe deffendent dans l'aſſaut, c'eſt à
cauſe de leur vigueur aiſée, de l'uni-
formité de leurs parties, de leur jugement & de leur fermeté. Par leur vigueur aiſée ils pouſſent & parent plus
vîte, les parties étant unies, elles
s'aydent mutuellement ; par le jugement on fait les coups qui convien-
nent ; & par la fermeté l'on ne ne s'é-
branle ; ni l'on ne ſe met en deſordre ; avec ces qualitez on paſſe
pour bien faire aſſaut, ſans qu'on
prenne bien leçon, c'eſt à dire ſans
qu'il y ait tant de regle ; ce n'eſt pas
qu'il ne ſoit neceſſaire de la ſuivre,
mais je dis qu'on eſt content d'un
aſſaut lors qu'on voit executer à propos, avec vigueur & ſans deſordre,

quand

quand même toute la propreté n'y seroit point dans la qualité de la leçon.
A l'affaut l'espectateur se trouve par-
tagé entre la regle & le succez : mais
à la leçon, il n'est attentif qu'à la justesse, & quoi qu'elle ne se puisse trop
rechercher, si elle n'est soutenuë des
parties de l'affaut, elle a moins de
succez que d'agrement.

L'Ecolier. J'entre maintenant dans
la raison qui fait que l'on prend bien
leçon sans bien faire affaut ; comme
aussi que l'on peut bien faire affaut
sans bien prendre leçon, par certaine
disposition que les parties & les organes ont naturellement pour l'un ou
pour l'autre ; c'est á dire comme vous
m'avez expliqué, lors que les écoliers
n'ont point travaillé le tems qu'il faut
à triompher du naturel, mariant l'affaut
à la leçon, & la leçon à l'affaut, ce qui
rendroit quasi également fort dans l'un
& dans l'autre. Cependant comme
je vous ay oüi dire souvent que peu

Contraste insuffisant

NF Z 43-120-14

d'écoliers prenoient leçon, quoi que beaucoup pouſſaſſent ſur le plaſtron, qu'il y avoit de la difference d'être montré à apprendre, je vous conjure de m'en inſtruire.

Le Maître. Rien de ſi facile à l'homme que de ſe tromper. Combien y a t'il de gens qui ſe flatent d'avoir appris le tems, qu'ils ſont allez aux Academies d'exercices; l'on ne peut nommer apprendre que la maniere avec laquelle on s'exerce à quiter ſes défauts, ou bien à acquerir quelque qualité. Il eſt de prendre leçon, à pouſſer ſur le plaſtron, comme d'étudier, à ne faire que lire; par l'un on reflechit ſur chaque mot, afin de le comprendre & de l'inculquer, & par l'autre l'on parcourt un livre ſans en remarquer le beau ni l'utile. Il eſt aiſé de voir que par l'un on devient ſçavant, & que par l'autre on n'apprend rien. Combien de gens prennent leur leçon, ſi je puis donner

ce nom à ce qu'ils font, sans examiner si ce qu'ils exercent a du raport à
ce qu'ils doivent faire. Si prendre leçon veut dire tacher de pratiquer un
bien, comment s'y essayer sans pen-
ser à le comprendre, & moins encore à l'executer. Comprendre n'est point
seulement entendre ce que le Maître
dit, il faut du goût & de la volonté
afin de prendre les moyens à le mettre en pratique, faisant couler les esprits que les parties ont besoin pour
agir dans la qualité qu'il faut. On
ne prend bien ou mal leçon, quel
Maitre que l'on ait, qu'à proportion
qu'on se la donne. C'est par ses yeux
qu'on doit tout voir, comme c'est
par ses parties qu'on doit tout faire,
& comme l'on ne peut parvenir à une
fin par des moyens contraires, l'on ne
peut devenir adroit sans pratiquer
exactement ce que la regle demontre.

L'Ecolier. Je ne suis plus surpris

que de gens, quoi que bien montrez,
& par un tems conſiderable n'ayent
point reuſſi, quel moyen d'executer
avec ſuccez, ſans avoir pris de leçon
comme il faut. Ce n'eſt pas tout que
d'avoir de la diſpoſition, & qu'un
Maître ait de l'intelligence, il faut
par l'application former nôtre connoiſſance à profiter de la ſienne. Mais
aprés m'avoir inſtruit de la maniere
qu'on doit prendre leçon, & ayant
trouvé dans vôtre livre les moyens
pour bien faire aſſaut. Je vous prie
de me dire ce que c'eſt qu'un bel aſſaut.

Le Maître Pour faire un bel aſſaut on doit obſerver non ſeulement
les regles, mais encore les executer
avec beaucoup de propreté & d'adreſſe. Outre cela le jeu doit convenir
à ſoi & à celuy contre qui l'on fait ;
c'eſt à dire que ſi on eſt grand & vigoureux, on doit ſe ſervir d'un jeu
d'attaque par des bottes de longueur

& de pié ferme, & si quoi que grand
on étoit mol, il faut s'attacher au
tems par des bottes droites sur les feintes, ou par des contres degagemens
sur les engagemens que l'on nous fait:
si l'on étoit petit & vigoureux, &
qu'on eût à faire contre un grand,
on doit le serrer insensiblement pour
l'obliger à pousser, afin de se servir
des rispostes : si on étoit petit & mol,
il faut tenter & obliger l'ennemi à
porter, ce que l'on fait par des appels
afin de prendre le tems, en voltant,
ou en baissant le corps, observant que
nos entreprises ayent également du
raport à nôtre portée, & à celle de
celuy contre qui on fait : car si un
grand faisoit le jeu d'un petit, un
mol celuy d'un vigoureux, ce seroit,
quoi que d'ailleurs tout fut bien executé, comme des choses qui sont belles, & où l'on trouve à redire, parce qu'elles ne sont point à leur place,
ou dans leurs caracteres. La beauté

d'un assaut consiste dans un dessein conforme à ce que l'on peut executer, si le dessein n'égaloit point ce que l'on pourroit faire, on diroit que l'écolier a plus de disposition que de sçavoir, & moins d'art que de naturel, & s'il entreprenoit plus qu'il n'est en état d'executer, on pourroit dire qu'il n'apartient pas aux mirmidons à se servir de la massuë d'Hercule. La plûpart des gens, loin d'entrer dans ces regles, n'estiment que le remuement, se figurent que les coups qui ont un heureux succez sont également bons, sans remarquer si c'est par une adresse judicieuse, ou par le plus de vigueur, de hardiesse, de disposition, ou de bonheur ; de ces differentes manieres de succez, l'on ne peut conter que sur la regle : car pour la hardiesse, lors qu'elle est sans la connoissance & l'adresse des parties se nomme temerité, & ne peut reussir que contre des personnes qui manquent de fermeté ou d'habitude : & quoi qu'il y ait des gens qui eſtiment plus une entrepriſe bruſque & deſordonnée que celle qui eſt ſuivant les regles. Ceux qui jugent ſainement trouvent que l'une n'eſt fondée que ſur le deſeſpoir, & que l'autre eſt le ſoutien de la veritable valeur. Celle-cy tire ſon ſuccez du courage & de la condüite, & l'autre ne peut rien eſperer que de la fortune. Quant à céux qu'un plus de diſpoſition ou de bonheur font donner, l'un étant un don de la nature, & l'autre du hazard, ne ſont contez pour rien dans un art, qui executé dans ſa qualité, n'a rien d'incertain ; je dis dans ſa qualité, car ſi on examine le manque de ſuccez dans l'attaque ou dans la défenſe, on verra que l'action a été alterée, ou par la figure, ou par l'occaſion, ou par le manque de viteſſe, ou n'ayant point fait le coup qu'il falloit, ce deffaut étant à la perſonne, & non point à la regle, devroit empêcher de la condamner, par la raison des experiences de geometrie, lesquelles ne font pas moins certaines, quoi qu'on manque à la justesse de l'operation.

L'Ecolier. Il est aisé de comprendre par la quantité des parties qu'il faut pour un bel assaut, que peu de gens font en état d'en faire ; que ceux qui disent qu'il y auroit du plaisir à voir faire deux Maîtres, se trompent souvent, sur tout au sujet des coureurs des villes, étant presque impossible, qu'il y en puisse, je ne dis pas avoir d'habiles, mais de mediocres. Pour être habile & adroit, outre beaucoup de disposition & de genie, il faut avoir travaillé long tems sous des Maitres sçavans, & trouvé lieu de faire contre toute sorte d'écoliers, forts, foibles, reglez & dereglez, afin de profiter de la ruse & vitesse des premiers, & du déreglement des autres, au lieu que

que la plûpart n'ont appris que peu de tems, même des Maîtrss dont la capacité bornée ne donne point lieu à devenir adroit, & dont les écoliers foibles & dérangez donnent plûtôt un jeu broüillon qu'ils ne fortifient.

Le Maître. C'eſt avec plaiſir que je voi former vôtre idée; pour la fortifier davantage je dirai que, bien loin que les gens que vous avez citez ſçachent faire, que parmi des Maîtres bien élevez il s'en trouve qui ne ſont point forts à l'aſſaut; les Maîtres étant comme les autres gens qui peuvent manquer de quelque partie, y ayant dans cet art, comme à d'autres emplois, certaines choſes qui determinent à l'apprendre, ſoit par quelque neceſſité, ou comme un heritage, ſans examiner ſi les parties forment cette diſpoſition qui fait parvenir au plus haut point, quand même on l'auroit acquis, il eſt neceſſaire pour s'y maintenir, d'exercer de tems en tems, ce que la plûpart des Maîtres ne font point, foit par leur trop d'occupation, par le manque d'écoliers forts, ou ne s'en mettant guere en peine. S'il eft vrai qu'il n'y a rien qui détruife plus une chofe que ce qui luy eft directement oppofé, l'on peut dire qu'il n'eft rien qui détruife plus l'affaut, que de donner leçon. Quoi de plus contraire! dans l'un il faut toûjours être fur fes gardes, ne donnant point d'occafion & n'en laiffant point échaper, fe détachant de toute fa vigueur & de toute fon étenduë. Dans l'autre on ne s'abandonne point, ou que rarement on donne de tems, & on fe decouvre, afin d'habituer celuy qu'on montre à tirer fur les découvertes, habitudes qui étant contraires à l'affaut ne fe peuvent pratiquer qu'en le détruifant, & ce n'eft qu'en diminuant l'adreffe du Maître que celle de l'écolier fe fortifie. On peut paffer chez

certaines gens pour adroit ſi on a de
la diſpoſition & quelque pratique. La
preſtance, certain brillant, ou de-
coublement naturel donne dans la
veuë, & fait preſumer à des gens
qui n'ont point du ſçavoir que l'on
en poſſede : mais cette diſpoſition
manque d'être cultivée par une bonne metode, ou par le tems qu'il faut,
& eſt ſujette à mille manquemens;
& quand même, ce qui n'eſt point,
on pourroit par la diſpoſition parvenir au plus haut point de l'aſſaut,
comme celuy qui la poſſede ne peut
la communiquer, il eſt impoſſible
qu'il rende adroit. Quoi qu'un Maitre
pour être dans ſa perfection, doive
égallement bien faire & bien montrer,
l'on peut paſſer pour habile, quand
même la dexterité ne ſeroit point
dans le degré le plus éminent. Il ſuffit, pour bien faire pratiquer, de former les attitudes & les mouvemens
dans la regle & avec l'action qu'il

faut, demontrant avec neteté les aydes ou les moyens qui conduisent au
succez, étant aisé lors qu'on possede une sçavante metode de cultiver &
d'élever la disposition de l'écolier à
son plus haut point; comme la pierre qui fait que le rasoir coupe, quoi
qu'elle même ne coupe pas.

L'Ecolier. Vos discours me font de
plus en plus connoitre le foible de la
plûpart des gens, lors qu'ils croient
de sçavoir faire. Je comprens peu à
peu que les difficultez des sciences
& des arts ne paroissent dans leur
etenduë qu'à proportion que l'intelligence en approche, qualité que les
gens d'exercice devroient rechercher,
& que plusieurs de qui je connois la
vanité ne voudroient point, puis que
par elle ils verroient ce qu'ils sont.
Cependant l'idée que vous m'avez
donnée des assauts me fait remarquer
plus de défauts dans ceux que j'ay vû
faire où la plûpart se jettent, ce qui

m'oblige à vous demander d'où cela peut provenir.

Le Maître. Deux choses contribuent que l'on se jette à l'assaut, la premiere les mechands principes, lesquels au lieu de faire pendant certain tems allonger des bottes de longueur & de pié ferme, faisant dabord retirer en parade, afin de donner par le premier l'assiete &, la fermeté de l'alongement, & par l'autre l'habitude de faire la retraite dans la regle & le tems qu'il faut, au lieu de cette metode ils font pousser sans avertir que l'on tienne le pié gauche, & sans que les parties soient situées dans l'endroit qui leur procure la fermeté ; ce qui fait qu'elles se trouvent sur le devant d'une maniere plus dificile à se retirer que d'aller aux prises. Outre cela ils montrent à redoubler sans regle, sans occasion, & avant que l'écolier ne soit en état de l'executer, ce qui l'oblige, se trouvant trop prés de l'ennemi d'aller aux priſes. On peut dire de ces gens que leur premier coup eſt un coup d'épée bien ou mal pouſſé, leur deuxiéme un coup de poignard, & le troiſiéme un coup de garde. La deuxiéme raiſon qui contribuë que l'on ſe jette à l'aſſaut, c'eſt, quoi que les principes ſoient bons, lors qu'on n'a point travaillé le tems qu'il faut pour y avoir quelque fermeté; ce qui cauſe que l'on revient au naturel: & comme le deſordre eſt quaſi toujours le partage de la nature, lors qu'elle eſt ſans art, ou que l'art n'eſt point aſſez pratiqué, l'on ſe jette comme ſi l'on n'avoit point été montré.

L'Ecolier. Les raiſons que vous donnez ſont ſi claires qu'on ne peut mettre en doute que les mechans principes, ou le manque d'avoir aſſez exercé les bons, cauſe non ſeulement que l'on ſe jette à l'aſſaut, mais encore tous les autres deſordres, ce qui me donne de plus en plus du mepris, tant pour les Maitres déreglez, que pour ceux qui souffrent que l'on fasse trop tôt assaut. Cependant parlant de ces sortes de Maitres, & en ayant veu qui faisoient pousser leurs écoliers tantôt d'une main, tantôt de l'autre ; & n'ayant point trouvé au chapitre des gauchers qui est dans vôtre livre, si c'est un bien ou un mal, je vous prie de m'en dire vôtre sentiment.

Le Maître Je n'ay point crû necessaire, de décrire une chose autant opposée à la raison que celle de s'exercer à faire des armes des deux mains. Pour en être persuadé il faut examiner, que de quelle maniere qu'on la pratique, elle est en tout desavantageuse, soit que l'on fasse alternativement des deux mains, ou que l'on n'exerce l'une qu'aprés avoir travaillé l'autre. De quelle metode que l'on se serve, si l'on n'est point par

la pratique tout droitier, ou tout
gaucher, loin de parvenir à la perfection de l'adresse l'on n'en approche
point à la mediocrité. Peu de gens
ignorent que la nature donne en naiſ-
ſant une égale liberté aux deux mains;
que ce n'eſt qu'au moyen de l'uſage
que l'une acquiert plus de force &
dexterité que l'autre, puis que l'on a
veu des perſonnes à qui la nature
avoit refuſé l'uſage des mains, ſe ſervir des piés avec une facilité ſurpre-
nante, ſi ce n'eſt qu'au moyen de la
pratique qu'une main poſſede plus
de diſpoſition que l'autre par les eſprits que l'habitude y fait couler;
lors que cette habitude ſe trouve
partagée, la force ſe partage de même, & fait qu'à proportion que celle que l'on exerce pour les armes ſe
fortifie, l'autre s'afoiblit; ce qui cauſe que l'une ni l'autre n'acquierent
que peu de dexterité; l'une n'exerçant que depuis certain tems ne ſe

peut

peut guere fortifier, & celle qui au moyen de l'ufage depuis l'enfance pouvoit parvenir au point le plus avancé, s'en éloigne à proportion que l'on tâche inutilement d'en faire approcher l'autre, ce qui fait, que quelle difpofition que l'on poffede, quel rems que l'on travaille, & fous quel Maitre que l'on exerce, tout ce que l'on peut faire, c'eft d'atteindre comme j'ay dit à la mediocrité. Et comme cent hommes mediocres ne feroient point en état de fe défendre l'un aprés l'autre, à un qui leur fut fuperieur, pas un n'ayant en foi affez de parties à luy oppofer. On doit convenir que le Maitre qui montre à faire des deux mains affoiblit plus qu'il ne fortifie.

L'Ecolier. Il eft certain qu'exerçant des deux mains, l'on ne devient point fi fort que lors que l'on n'exerce que d'une: mais auffi fi l'on y eft bleffé, ou au bras, on fe trouve

plus exposé que lors qu'on a travaillé des deux.

Le Maître. Ceux qui n'ont exercé que d'une main étant beaucoup
plus forts sont moins sujets d'y être
blessez que ceux qui ont pratiqué
des deux : mais quand ce cas arrive-
roit, l'on doit faire de necessité vertu, comme ceux qui n'ont point été
montrez. Vous me direz qu'ils se servent de la main qu'ils ont habituée
depuis leur enfance, où consiste leur
force & leur liberté ; au lieu que ceux
qui n'ont exercé que d'une main ont
par l'habitude qu'elle a contractée
laissé l'autre beaucoup plus foible :
mais aussi ceux qui n'ont point eu de
leçon ne connoissent ni le tems ni la
mesure, comme ceux qui ont été
montrez, & je crois que l'un vaut
bien l'autre.

L'Ecolier. Vôtre discours me fait
comprendre, que quoi qu'un homme
adroit soit obligé de se servir d'une

main où il n'a point d'habitude , qu'-
il n'est point inferieur á ceux qui se
servent de celle qu'ils ont exercé, à
moins qu'ils n'ayent appris certain
tems, & que s'ils ont plus de dexterité à leur main que luy à la sienne,
au moyen de sa connoissance , qui
est la même , de quelle main qu'il
se serve, il intrigue & develope leur
dessein , leur gagne & romp la mesure à propos , ce qui les embarasse
d'une maniere que s'il n'est point certain de vaincre , du moins fait-il par-
tager le peril. Mais parlant du peril,
dites-moi, s'il est mieux pour faire
un beau combat, d'estimer, ou de
mepriser l'ennemi.

Le Maître. Il semble à bien de
gens qu'il est mal aisé d'estimer l'ennemi, sans qu'il s'y mêle quelque es-
pece d'apprehension, laquelle diminuant l'espoir, dissipe une partie des
forces , & empeche d'executer avec
la vigueur & le flegme necessaire. Si

d'un autre côté on le méprife, bien de gens tiennent qu'on le flate, & qu'on neglige non feulement ce qu'il faut pour vaincre, mais que cela fait expofer à bien d'occafions d'être vaincu. Je fuis de ce fentiment, étant comme impoffible d'avoir du mepris fans negligence, & fouvent rien n'étant moins certain que ce que l'on croit le plus affuré ; il eft donc mieux de croire l'ennemi adroit & vailant, loin que cela ôte le courage d'un brave homme, il le rend plus avifé, il efpere que par fon application & fon adreffe il ne donnera point d'occafion dont on puiffe fe prevaloir, & qu'il ne s'en prefentera point fans qu'il en tire de l'avantage. Enfin il rifque moins que ceux qu'un efpoir mal fondé fait flater, ne contant que fur fon courage, fon fçavoir & fa precaution, il eft plus prêt à gagner la victoire qu'à la perdre.

L'Ecolier. L'on ne peut difconvenir

de ce que vous dites, étant certain qu'il eſt mal aiſé d'éviter le peril où l'on va avec trop d'eſpoir, au lieu que lors que l'on ne craint ni ne mepriſe l'ennemi, on conſerve le jugement, & on agit ſans negligence, qui ſont les principales parties du ſuccez : mais voyant que mes queſtions ne vous font point de peine, agreez que je vous demande encore, s'il eſt mieux dans un combat d'avoir de longues, ou de courtes épées.

Le Maître. Si l'on parle generalement, il eſt mieux d'avoir une épée de longueur qu'une qui ne l'eſt point ; ce n'eſt pas qu'il ſe peut trouver des gens à qui les longues épées, loin de leur être avantageuſes ne ſervent qu'à les embarraſſer. Deux ſortes de perſonnes ſont dans ce cas, les mala-adroits, & ceux qui ont le jeu des riſpoſtes ou de prés ; les premiers ne ſçavent point degager, & ſe jettent quaſi toujours, & les autres s'étant

plus attachez aux parades & rispostes qu'aux degagemens, & au tems,
acquierent plûtôt un jeu de prés que
de longueur, ce qui fait qu'une longue épée les embarrasse.

L'Ecolier. Il est certain que les longues épées ne sont point avantageu-
ses à toute sorte de gens. Ditez-moi
je vous prie, si dans un combat, ou
dans un assaut de reputation, les armes devant estre égales, que devroit
choisir un écolier adroit ?

Le Maître. Si l'on se trouvoit dans
un état assez malheureux pour estre
obligé à defendre sa vie par un combat que l'ennemi eut premedité, &
duquel l'on ne peut se dispenser, non
plus que du choix des épées. Je dis
pour lors qu'ayant à choisir, ou de
deux longues, ou de deux courtes,
si on se croyoit plus adroit que l'ennemi, il faudroit choisir les longues,
un inferieur & mal adroit en estant
embarrassé, outre que la moindre

feinte, ou le moindre battement d'é-
pée un peu fec, leur ôte entierement
la pointe de la ligne de deffenfe &
d'infulte, au lieu qu'un homme qui
fçait faire par la regle de fon mouvement la tient toujours dans cette ligne. Mais auffi par la méme raifon fi
on étoit maladroit, il faudroit choi-
fir les courtes épées, parce qu'ayant
moins d'étenduë, & par confequent
moins de foible que les longues, l'ennemi ne peut la gagner que diffici-
lement, foit par des engagemens ou
par des battemens fecs, tout étant
fort. Et quoi que l'on foit autant fujet à s'ébranler qu'avec les longues,
l'on revient plûtôt à fa garde, tant
parce que l'on s'ecarte moins par le
peu d'étenduë qu'il y a de la main à
la pointe, que par le plus de facilité à
revenir, une épée courte eftant ordinairement plus legere & plus aifée à
manier qu'une longue. Quant à la
beauté des affauts le jeu à beaucoup

plus d'éclat avec des fleurets longs qu'avec des courts, tant parce que les coups paroiſſent plus étendus, que parce que le bouton eſtant plus éloigné a plus de brillant.

L'Ecolier. Vous me faites remarquer que les habiles ne décident qu'aprés des ſuppoſitions ; au lieu que ceux qui ne le ſont point le font ſans reflection, n'apercevant les choſes que d'un côté, lequel n'eſt pas toujours le veritable. Agreez, afin que je puiſſe raiſonner plus juſte, que je vous demande d'où vient que des Maitres habiles & affectionnez ſouffrent quelque fois des defauts que d'autres gens aperçoivent.

Le Maitre. Quoi qu'un Maitre n'avertiſſe point de certains defauts, il y peut avoir de la témerité à le blamer. On ne doit decider d'une choſe ſans la connoître parfaitement. Pour cet effet l'on doit remarquer le genie, l'application, la docilité, la diſpoſition

position, & le tems d'exercice de celuy qu'on montre. On sçait que l'écolier peut manquer par plusieurs parties à la fois, & que le Maitre ne peut corriger que l'une aprés l'autre, commençant par le défaut le plus important, lequel n'est pas toujours le plus apperceu. Peut-on juger dabord si un homme s'emploie, ou s'il se neglige d'une maniere que l'on soit rebuté de le reprendre. Est-on sçavant du tems que l'écolier a exercé, pour juger s'il a eu celuy d'assouplir, d'animer, & de faire cadrer les parties; connoit-on s'il aime d'être corrigé, ou si cela luy fait de la peine; & quoi que le Maitre doive avertir des manquemens, sçait-on s'il est mieux de menager l'esprit mal fait d'un écolier, afin qu'insensiblement on luy fasse gouter ce qu'il faut, ou s'il est mieux de vouloir qu'il fasse dabord son devoir. Ignore-t'on que lors qu'on ne peut aller d'un point à

L

un autre par une ligne droite, on doit avoir recours à celle qui eſt obli-que. On dit à un homme roidi d'aſ-ſouplir & de plier le bras afin qu'il ait du mouvement ; à un autre qui eſt libre, on le fait étendre. Un écolier nouveau condamne un coup pouſſé de quarte ſur les armes, ou de ſeconde dans les armes, comme contraire aux principes. Cependant dans certaines occaſions la maniere en eſt meilleure qu'autrement, ce qui fait voir que l'écolier de peu de tems blâme ce qu'il eſtime dans la ſuite.

L'Ecolier. Ce que vous dites n'eſt pas ſeulement utile pour connoitre l'art des Armes, mais encore pour éviter de donner dans le travers, où l'on voit la plûpart des gens, lors qu'ils ſe mêlent de raiſonner d'un art dont la fineſſe demande celle des plus habi-lés; c'eſt pourquoy je vous conjure de me dire d'où vient que l'on crie à l'aſſaut.

Le Maître. Le cry eſt une action involontaire cauſée par l'ardeur de fraper l'ennemi, ce qui fait qu'on ne ſçauroit s'en priver, à moins d'y pen-ſer à tous coups, ce qui dans ce cas empecheroit non ſeulement de partir dans le tems qu'il faut, l'eſprit étant tendu ailleurs, mais encore feroit que les coups ne partiroient point de leur force ni à fonds. Preuve, c'eſt que le cri provient de l'ardeur & l'ar-deur de l'agitation des eſprits. Plus ces eſprits ſe trouvent animez ils cou-lent en plus grand nombre & avec plus d'impetuoſité, ce qui donne plus de vigueur & plus de viteſſe. Outre ce-la le cri excite & donne de l'éclat à l'action, ce qui eſt ſi vrai, que lors que l'on frape par un coup appuyé & ſoutenu, le cri eſt à proportion plus elevé & allongé, faiſant une harmo-nie à peu prés de la longueur que le bouton reſte ſur le corps; ce qui fait que ſans voir le coup l'on juge de son succez. Quand je dis que le cri donne de l'éclat, c'est lors qu'il n'a rien de rude à l'oreille ; s'il estoit comme j'en ay oüi à plusieurs, je conseillerois de tacher à s'en defaire.

L'Ecolier. L'on ne peut ignorer que l'ardeur de fraper l'ennemi est la seule cause qui produit le cri dans l'assaut : car à la leçon, quoi que l'on pousse de toute sa vigueur & de toute son étenduë l'on ne crie point. Cependant comme mes petites questions me procurent par vos reponses l'intelligence de cet exercice, souffrez que je vous demande si un habile Maitre remet au principe l'Eleve d'un autre dont la metode est dereglée.

Le Maître. Avant de repondre à ce que vous demandez, on doit avoir égard à la disposition & au tems que l'écolier a exercé, & croit d'exercer; s'il est disposé, qu'il n'ait guere travaillé, & qu'il espere de faire long tems, il faut le remettre au principe;

il y viendra d'autant plus aifement que fes defauts font peu habituez. Mais auffi s'il manquoit de difpofi- tion, ou qu'il eût exercé long tems, je ne voudrois point, quelque tems qu'il voulut travailler, le remettre à recommencer, quand même à force de pratique il pourroit parvenir à la regle, la longueur du tems qu'il fau- droit à luy faire perdre fon habitu- de, & à fortifier celle qu'on voudroit luy donner, l'empecheroit de parve- nir fi tôt, & dans un état auffi fort qu'il le feroit, fi l'on fe contentoit de luy ôter ce qu'il a de plus choquant à la veuë, & de plus perilleux, te- nant une efpece de milieu entre ce qu'on luy a montré, & ce qu'il doit faire, racommodant infenfiblement les attitudes & les mouvemens; & quoi qu'avec cela l'écolier ne faffe point avec autant d'art & de bonne grace que lors qu'il a commencé & fini d'un Maitre habile, il poffede plus

de connoissance, & moins de dereglement que s'il avoit continué d'un
ignorant, ou que l'habile luy eût
laissé ses principes. Si un écolier
avoit travaillé long tems, & qu'il ne
voulût que se remettre en exercice,
l'on doit pour lors fortifier ce qu'il a
pratiqué ; luy donner d'autres regles
le peu de tems qu'il veut exercer, les
rendroit plus nuisibles que profita-
bles.

L'Ecolier. Que d'erreurs parmi des
écoliers mal montrez, les uns aprés
quelque usage reconnoissent l'ignorance de leur Maitre & le tort qu'ils
se font d'en apprendre ; cependant
ils ne quittent point, crainte qu'un
Maitre habile les remette aux principes. D'autres disent que pour bien
faire il faut commencer de... & qu-
ensuite pour se perfectionner il faut
travailler de ... si l'on fait attention
que l'on ne peut perfectionner un ouvrage, à moins que le principe ne

tende à sa fin, l'on conviendra qu'un Maitre qui n'est point capable de finir ne le peut point être de commencer. Mais parlant d'erreur, m'étant trouvé avec certains raisonneurs qui discouroient du combat de nuit, je trouvai tant de confusion dans la diversité de leurs sentimens, que je vous prie de vouloir bien sur ce sujet m'accorder la vôtre.

Le Maistre. La connoissance & les opinions des hommes, sur tout de ceux qui ne sont point habiles sont si differentes qu'il ne faut point s'étonner si sur chaque chose l'on voit plusieurs sentimens opposez. Les uns tiennent que dans le combat de nuit il faut s'étendre par terre, poussant seulement de la main, que l'ennemi ne voyant point tire ses coups par dessus. D'autres disent qu'il faut se mettre à côté. D'autres qu'il faut incessamment foiter, ou faire des cercles de l'épée, ce qui fait que l'on trouve celle de l'ennemi. D'autres encore, qu'il faut toujours pousser sans bouger le pié, comme qui picque des bœufs. L'on peut dire que toutes ces differentes manieres sont fausses : car de se mettre à terre ou à côté, pour si obscure que soit la nuit on entrevoit de tems en tems la lueur de la lame, outre que l'ennemi peut par hazard pousser bas ou à côté, ce qui seroit tres-perilleux pour ceux qui n'ont point d'autre ressource. Ceux qui font des cercles de l'épée peuvent si c'est avec vitesse trouver le fer, & se garantir des coups de l'ennemi. Mais ils ne sont point en état de le fraper. Pour ceux qui poussent ou qui éguillonnent incessament, ils ne peuvent donner sans risquer egalement de recevoir. La seule regle que l'on doit observer, c'est de croiser le fer de l'ennemi avant de pousser, s'il est en dedans l'on pousse en quarte, & s'il est en dehors en tierce, toutefois sans s'abandonner ;

s'il

s'il quitte le fer, il faut avant de pouffer le chercher, & l'ayant trouvé oppofer le nôtre, & poufler comme j'ay
dit, par ce moyen l'on ne rifque point
de recevoir, & l'on peut quelque fois
donner, ce qui fait que l'on peut
vaincre, fans rifquer d'être vaincu.

L'Ecolier. Vous me faites voir en
peu de mots ce que l'on doit faire fi l'on eft attaqué de nuit, & combien la plûpart des gens donnent dans
le ridicule, lors qu'ils raifonnent d'un
art fans le connoitre, ce qui m'oblige, pour ne les point imiter de vous
demander ce qu'il faut faire pour fe-
parer deux hommes qui fe battent à
l'épée, & de quelle maniere l'on doit
agir fur le pavé ou ailleurs, fi l'on
étoit attaqué d'une ou de plufieurs
perfonnes.

Le Maitre. L'inclination que vous
faites paroitre par les queftions que
vous me propofez eft une marque certaine du fuccez, lors que la perfe-

verance s'y trouve. Mais comme l'inclination ne souffre le retardement
qu'avec peine je vous dirai qu'on ne
peut separer deux hommes que par
l'une de ces trois manieres ; la premiere se mettant au milieu, rabat-
tant les coups avec l'épée : mais cette manœuvre est dangereuse à faire
perir ceux que l'on veut separer, &
à perir soi-méme, soit par le mégar-
de des combatans, ou par le chagrin
de se voir separez lors qu'ils sont animez par la gloire ou par la vangeance. La deuxiéme maniere de separer se fait lors que le nombre est
égal à ceux qui se battent, saisissant
par derriere & à même tems chaquun
un combatant, l'éloignant de quelque pas & d'une maniere qu'il ne
puisse point nuire à son ennemi, ni à
celuy qui le separe. La troisiéme se
fait passant par le derriere de l'un des
combattans, saisissant de la main gauche son poignet & la garde de son

épée dans le tems qu'on presente la
pointe à l'autre, tant pour être en
état de rabattre ses coups que pour
l'arrêter s'il ne cessoit point aprés certains coups portez qu'on appelle l'ardeur des premiers mouvemens. C'est
la maniere la plus seure à separer
deux hommes lors qu'on se trouve
seul ; je dis deux hommes, parce que
s'ils étoient davantage il seroit impossible étant seul d'en venir à bout
pour peu qu'ils fussent animez. Ce
qui fait voir l'embarras où se peut
trouver un honnête homme, lors qu'-
il rencontre un certain nombre de
gens qui se battent, s'il s'attache à
separer il risque sa vie, ou d'être embarrassé dans des affaires qu'on a autant de peine à terminer que l'action
est glorieuse. S'il fait son chemin,
outre le chagrin d'être blâmé, il a
celuy de voir des gens attachez à se
detruire sans qu'il puisse les empêcher.
Quant à ce que l'on doit faire si l'on

est attaqué sur le pavé ou ailleurs,
c'est de prendre le dessous du terrain
pouvant aisément pousser de bas en
haut sans risque, au lieu qu'on ne le
peut de haut en bas sans danger de
glisser. Il faut aussi en cas qu'on voie
venir de loin l'ennemi remarquer s'il
y a entre deux quelque endroit ra-
boteux, quelque tas de pierres, de
boue ou quelque autre chose qui empêche d'allonger, on doit pour lors
marcher d'une maniere à le surpren-
dre dans cet endroit, ou immédiate-
ment aprés qu'il l'auroit passé. Si on
le prenoit dans ce lieu desavantá-
geux, il ne pourroit s'étendre, & s'il
l'avoit seulement passé, il faudroit
dabord le pousser vivement, afin de
tâcher de l'aculer en cet endroit. Si
l'on se trouvoit attaqué de plusieurs,
loin de se cantoner, comme ont fait
bien de gens, il faut s'il se peut gagner l'alée ou le courroir d'une mai-
son, & se tenir éloigné de la porte à

environ la portéedu coup, ce qui fait qu'on ne peut être attaqué que d'un à la fois, au lieu que restant sur la porte ou plus prés que je n'ay dit, par l'un on peut estre attaqué par devant & par les côtez, & par l'autre on peut estre frapé par des gens qui poussent seulement de la main, leur corps à couvert de la muraille. Si l'on étoit attaqué dans un lieu espacieux comme une place, ou en campagne, pour lors il faut se battre en tournant & voltigeant tantôt d'un côté, tantôt de l'autre, ce qui fait que l'on a toujours les ennemis devant, évitant de pousser à l'un, que les autres ne soient éloignez, tachant incessament de les separer. Dans ces sortes de combats, l'avisement & la legereté du corps en font plus que le reste des parties.

L'Ecolier. Je reconnois de plus en plus que l'intelligence & l'avisement sont les principales parties du combat, sans elles le succez n'est dû qu'au hazard, sur lequel la raison ne veut point que l'on se flate. Ce qui m'oblige pour voir les choses dans leur jour de vous prier de me dire si l'art des armes depend de la connoissance ou de l'habitude; de la theorie ou de la pratique.

Le Maître. Ceux qui ont le gout des exercices sçavent qu'il est impossible de les bien faire sans unir la connoissance au travail, quoi que plusieurs se persuadent que l'une suffit pour avoir l'autre. Ceux qui confondent les sciences avec les arts tiennent que le sçavoir suffit; qu'ayant l'idée l'on peut dans peu de tems par la force du raisonnement fraper & éviter les coups, ce qui oblige plusieurs écoliers à demander de nouvelles bottes, sans remarquer qu'ils n'en seront point plus adroits, ne pouvant manque de pratique executer. Si cela se pouvoit, il ne faudroit que lire, ou voir faire, au lieu de se donner des foins & de la peine. Vous me direz qu'il n'eft donc point utile de lire ce que les habiles en ont écrit, ni neceffaire de voir faire. Eloigné de ce fentiment, je tiens qu'il eft tres avantageux, l'idée favorifant la pratique abrege le tems du travail, & à ceux qui ont le tems de l'habitude, cette même idée leur favorife l'execution de ce qu'ils avoient ignoré. Etant certain qu'ayant acquis au moyen de la pratique un certain point de difpofition, l'on execute ce qu'on comprend. Ceux qui tiennent pour l'habitude croient qu'il n'eft pas neceffaire d'autre chofe, fans confiderer qu'il eft impoffible par cette feule qualité de faire à propos ce qu'il faut par la diverfité des deffains, des fituations & des mouvemens de l'ennemi : lefquels changeant tres - fouvent empéchent qu'une entreprife mal digerée ait un heureux fuccez, ce qui fait mefeftimer l'écolier qui n'a que la pratique, quoi que d'ailleurs l'execution fût avec propreté & vitesse.

L'Ecolier. Vôtre discours me fait aisement comprendre qu'on peut estre sçavant sans estre adroit ; mais qu'on ne peut point estre adroit sans estre sçavant ; qu'il faut pour reüssir à tous les arts & exercices joindre la theorie à la pratique ; deux forces étant plus puissantes qu'une seule, ce qui fait que je vous prie de me dire s'il est mieux d'attaquer que de se tenir sur la défense.

Le Maître. Ce que vous demandez dépend de l'occasion que l'ennemi donne, ou de la disposition que l'on possede, sans cela il n'y a rien d'asseuré dans l'une ni dans l'autre ; quoy que tout puisse estre également bon. Si d'un côté l'on trouve de l'avantage dans l'attaque, lors qu'elle est favorisée de l'occasion & de la vitesse, elle paroit dangereuse lors qu'elle n'en est point soutenuë : & si l'on

voit

voit une defense perilleuse, lors qu'elle est déreglée ou faite par des mouvemens lents ou mal à propos, l'on remarque qu'estant executée dans la regle, la vitesse & le tems qu'il faut, elle n'est point risqueuse : mais comme les ignorans donnent aisement leur aveu en faveur de l'une ou de l'autre, jugeant plûtôt par quelque succez que par la raison, je dirai que l'on doit observer si le jeu de l'ennemi est à l'attaque ou à la défense ; s'il l'a à la premiere, l'on doit remarquer si c'est par des engagemens ou par des feintes, à quoi il faut se tenir à la defense, afin de profiter de ses mouvemens par des tems ou par des rispostes. S'il se tient sur la deffense, ce sera pour prendre le tems, ou pour risposter, à quoi l'on doit par des demi bottes l'obliger à partir afin de prendre un contre à son tems, ou à sa risposte ; ce que l'écolier judicieux connoitra mieux

N

érant favorisé par la veuë de la situation & de l'action de l'ennemi, que
par les plus sçavans raisonnemens,
lesquels ne peuvent aboutir qu'à la
maniere de se placer, d'interrompre
& de prendre son tems, qui sont des
choses qu'on ne peut décrire à fonds
par la difference des personnes & des
mouvemens, ce qui demande autant
de pratique que de theorie: & quoi
qu'il semble que je devrois finir par
cette regle generale, qu'il est mieux
à certaines gens d'attaquer que de
rester sur la defense, & à d'autres de
s'attacher au tems, ou à des rispostes,
que de vouloir insulter lors qu'il n'y
a pas lieu, ou que l'on n'y est point
disposé. Je dirai pour satisfaire vôtre curiosité, qu'entre des mal adroits
celuy qui attaque a ordinairement
l'avantage par le desordre que le sien
cause à un homme qui ne sçait parer
ni tirer sur le tems; ce qui fait que
manquant de ces qualitez, un desor-

dre en attirant un autre favorise le succez de celuy qui attaque. Il n'en est pas de même lors que deux personnes sçavent faire, & quoi qu'il paroisse que celuy qui fait le premier mouvement aye l'avantage, l'ennemi devant plus risquer d'une action à laquelle il ne peut s'attendre, que lors qu'elle paroit, au lieu que celuy qui attaque l'ayant premeditée, & pris les precautions que son intelligence & son adresse luy peuvent fournir suivant la situation & le jeu de celui contre lequel il fait, il semble que le succez doive être en sa faveur. Cependant si on fait attention, qu'il n'y a point de tems, c'est à dire de mouvement qui n'ait son contraire, l'on trouvera qu'on ne peut attaquer sans donner prise au tems ou à la risposte de l'ennemi, & l'on conviendra aisement que celuy qui commence l'action est celuy qui commence à risquer, supposé qu'il ait à faire à

des gens qui en ſçûſſent profiter, é-
tant aiſé d'une ſituation fixe de s'oppoſer à une action qu'on voit naitre,
ſur tout ſi elle eſt dérangée ou étenduë, au lieu qu'il eſt impoſſible que
celuy qui fait la premiere action ſoit
dans cet inſtant en état de s'oppoſer
à un contraire,

L'Ecolier. La maniere avec laquelle
vous debroüillez les queſtions les
plus difficiles ne permet point que
l'on en doute ; cependant je me trouve borné à ne pouvoir comprendre
qu'on puiſſe comme vous dites partir ſur la naiſſance du tems, puis qu'a-
vant qu'on ne l'aye apperceu, que les
parties ſoient en état d'agir, & que le
coup ſoit ſur le corps, le tems a commencé, & peut même finir, à moins
qu'il ne ſoit bien long.

Le Maiſtre. Comme le tems pour
ſi court qu'il ſoit ſe peut diviſer
du commencement au milieu, & du
milieu à la fin. Pour le prendre avec

fuccez il faut que ce foit de la naiſ-
fance au milieu , c'eſt à dire avant
qu'il n'aille du milieu à la fin: car ſi
on le prenoit aprés le milieu, l'ennemi
auroit non feulement le tems de le finir, mais encore de parer ou de nous
fraper. Quant à ce que vous trouvez de
difficile à le prendre fur la naiſſance,
il faut examiner deux choſes, l'une
qu'au moyen d'un long exercice l'œil,
le poignet & les autres parties s'ac-
coutument ſi fort pour tirer fur les
decouvertes, qu'elles s'uniſſent d'une
maniere à ne pouvoir agir l'une fans
l'autre, ce qui fait que l'œil ne decouvre point de mouvement que toutes les parties ne fe deploient dans
le même inſtant. L'autre raiſon, c'eſt
qu'à un homme qui a de la viteſſe,
le bouton tarde moins d'être de la
fituation de fa garde fur le corps de
l'ennemi, que le tems d'un petit clin
d'œil ; ſi bien que partant par le diſcernement de l'œil , & par cette ex-

freme viteffe l'on attrape l'inftant que
j'ay dit.

L'Ecolier. Je goute ce que vous
dites, & je voi combien on eft- te-
meraire de croire poffeder à fonds ce
que fouvent on n'approche point de
la fuperficie. L'application au fecours
du tems fait paroitre les chofes d'u-
ne couleur differente à celle que l'on
avoit dabord aperçû. C'eft comme
d'un fleuve, duquel on ne peut voir
la largeur qu'à proportion qu'on approche de l'un de fes bords. Et afin
que je puiffe avancer dans la connoif-
fance de cet art, pour en découvrir
une partie, permettez que je vous
demande ce que c'eft que l'afcendant,
& d'où il procede.

Le Maître. L'afcendant regne non
feulement dans les armes, mais encore dans les jeux d'adreffe & de hazard. Il procure des effets plus furpre-
nans que ceux du fçavoir & du fort,
l'avantage du premier ne s'étend que

contre des inferieurs, & ceux de l'autre sont si rares que la raison n'y conte
pas. J'ay dit que ses effets étoient sur-
prenans : Car que Dorante batte Damon, & que Damon batte Ariste ;
qui ne croiroit qu'Ariste sera battu
par Dorante ; cependant Ariste le bat,
c'est ce que bien de gens ont vû ; que
peu ont compris, & qu'on nomme
ascendant. L'ascendant procede de la
sympathie ou antipatie des jeux. On
sçait que tous les hommes ont certains coups favoris qu'ils executent
mieux que les autres, soit par le plus
de disposition, ou par le plus d'atta-
chement. Ceux qu'on a le plus à
la main, & dont on s'est servi
avec avantage contre des gens qui
faisoient bien sont inutiles contre d'autres beaucoup moins forts ; au lieu
qu'à des écoliers foibles leur coup
favori peut avoir du succez contre de
plus forts ; ces plus forts n'ayant point
de naturel ou d'habitude contre ce

coup. Quoi qu'on ait de la disposition & du sçavoir, & qu'on fasse bien
contre des gens qui ont certain
jeu, si ce jeu ne se trouve plus, qu'on
ait de l'apprehension ou trop de
feu, l'on sera battu par un inferieur,
lequel conservant le jugement, a le
flegme & la hardiesse qu'il faut pour
reüssir. S'il y a des gens qui ont naturellement la justesse de l'oreille
pour la musique & pour la danse, il y en a de même dans les armes, pour faire ce qu'ils sçavent
dans l'endroit & dans l'occasion du
succez. Et comme le moindre défaut empêche une montre de marquer
juste, de même le moindre défaut
empêche un homme d'être achevé;
& comme il n'y a personne qui ne
manque par le naturel ou par la fauf-
se metode, il se peut que rencontrant
l'un de deux on a de l'avantage sur
luy, quoi que d'ailleurs on eût moins
d'adresse. Vous voyez par ce que je
dis;

dis, que quoi qu'on fe défende d'un homme, l'on ne peut point toujours dire qu'on en fçait autant, pouvant le battre par l'afcendant, ou par l'habitude fur un jeu comme le fien, lors qu'il n'en a point habitué comme le nôtre. Mais ce qui prouve la difference de nos adreffes, c'eft que pour luy feul que nous battons, il bat cent écoliers qui nous battent.

L'Ecolier. Combien de gens fe font flatez d'être auffi forts que d'autres à qui ils fe font défendus. Cette erreur eft quafi generale ; j'y ferois comme les autres fi vôtre difcours ne m'avoit détrompé ; ce qui fait que je vous conjure de me dire encore ce que c'eft que le défaut.

Le Maître. Le défaut eft oppofé à l'agreable ou à l'utile, foit par le naturel, ou par la fauffe metode ; par l'un n'étant point favorifé du genie, de la bonne grace, de la vigueur, de la liberté, de la legereté & de la fouplesse. Par l'autre le peu d'experience de ceux qui montrent, qui bien loin de corriger les défauts font pratiquer des manquemens, qui dans la suite font de plus de consequence que ceux que le naturel donne, ce qui est si vrai qu'il n'y a point d'habile Maitre qui n'aime mieux commencer les principes à un écolier que s'il avoit été montré d'un ignorant, étant plus aisé de mettre le naturel dans la regle, qu'il n'est facile d'effacer un défaut pratiqué. Les défauts de pratique consistent en la fausseté des attaques ou des deffenses : & quoi que l'on se trouvât naturellement disposé pour une heureuse execution, cette fausseté la rendroit souvent sans succez, & toujours dangereuse. Elle est sans succez étant faite sans l'occasion, & dangereuse par la fausseté de la regle, ou par le manque de vigueur du mouvement. Outre cela l'on peut encore manquer de trois manieres dans toute forte d'ataques ou de défenfes, qui font, Où, Quand, & Comment. Par la premiere manquant d'attaquer ou de défendre l'endroit qu'il falloit infulter, ou que l'ennemi attaquoit. Par la deuxiéme lors que l'on manque le tems, ou fon tems à faire la manœuvre neceffaire pour attaquer, ou pour fe défendre. Et par la troifieme, n'obfervant point la figure, la vigueur & la diftance. Je croi qu'il n'eft pas mauvais de vous avertir qu'il y a difference des défauts aux manquemens ; & quoi que tous les défauts foient de manquemens, tous les manquemens ne font pas de défauts. Les défauts, comme j'ay dit, font par le naturel ou par la fauffe pratique ; les manquemens ne font que des fautes que le feul accident caufe quelque fois. Exemple, un écolier eft habitué de pouffer avec jufteffe ; parmi un nombre de coups il en porte un où cette jufteffe eft al-

terée ; peut-on dire qu'il a ce défaut?
un homme danse dans plusieurs occasions avec applaudissement, il alte-
re une seule fois la cadance, ou il
fait un faux pas, peut-on dire qu'il
manque d'oreille ; ou qu'il n'est pas
ferme sur ses piés ?

L'Ecolier. Plus vos discours me fortifient dans la connoissance des qualitez, des manquemens & des défauts
de cet exercice, plus je suis surpris
comment des gens ont si peu de dis-
cernement que d'aller travailler chez
des ignorans, lors que dans le même lieu il y a des habiles Maitres,
n'est ce point prendre parmi des gens
éclairez un aveugle pour conducteur.
Si l'exercice des armes est un art, il y
a des regles ; s'il y a des regles il
faut les montrer, ce qui ne se peut
que par l'action & le raisonnement
du Maitre, pour faire comprendre le
tems, les attitudes & les mouvemens
que l'écolier doit faire. Cependant

j'ay veu des gens faire pouffer fur le plaftron, fans dire pourquoi, où, quand, ni comment. Si l'on ne voit que par une raifon éclairée la beauté des fciences & des arts, on ne peut les faire comprendre fans raifonner. Le raifonnement eft la veritable difcipline de l'homme il faut l'inftruire pour luy faire connoitre ce qu'il faut qu'il faffe, & ce qu'il faut qu'il évite.

Le Maitre. Si tous ceux qui font leurs exercices avoient du difcernement, & qu'il fuffent defintereffez, les Maitres qui fe diftinguent auroient tout. Il eft neceffaire afin que les autres travaillent, que parmi des gens de bon gout, il s'en trouve d'autres qui en manquent. On fçait que le bonheur d'un Maitre ignorant eft que les écoliers le foient auffi ; c'eft pourquoi il n'eft point furprenant que ces fortes de gens ayent des écoliers. Ils en ont même qui diftinguent le vrai du faux, parce qu'il en coute moins chez eux qu'ailleurs, outre qu'ils en montrent plusieurs, de qui ils ne demandent pour retribution que de leur procurer ceux qu'ils connoissent.

L'Ecolier. Je n'ignore point que certaines gens cherchent le bon marché, qu'ils sacrifient le bon air, la défense de leur honneur & de leur vie à l'épargne de quelque miserable écu, je sçai aussi que le hazard procure à ces Maitres, non seulement des étrangers, qui ne sçachant point les choses vont aveuglement chez le premier qu'ils trouvent, mais encore ils ont des gens, qui en consideration d'un ami, ou de la commodité d'une salle, travaillent sans égard sous qri que ce soit. Quant à ceux qui briguent, ce sont des enfans ou des miserables, cela n'ayant nul rapport à l'honnête homme, qui ne se partialise point contre le merite & la verité.

Le Maître. Ces Brigueurs que vous méprifez font pourtant les boucliers des Maitres de qui nóus parlons, lefquels n'ayant point de foutien par eux-mêmes, tâchent de s'en procurer d'ailleurs, par des émiffaires qui foufflent leur charlatanerie aux innocens, defquels ils triomphent d'autant plus aifement qu'il eft naturel aux efprits foibles de fe flater d'un prompt fuccez, c'eft pourquoi ils leur difent qu'aprenant de.... on eft bientôt adroit, que dans cette Salle on fait dabord affaut, que le jeu qu'on y montre eft de force, & propre à dégourdir, que c'eft une bonne metode pour l'épée, à laquelle il ne faut point de regles ni de bottes fines. Il me femble vous entendre dire que ce difcours eft fi peu raifonnable qu'il ne faut que le bon fens pour en découvrir l'erreur, que leur manque de raifon paroit autant par le ridicule de ce qu'ils avancent que par les reponses les plus fortes , & qu'il suffit de ce qu'ils disent pour prouver leur ignorance ou leur mauvaise foi.

L'Ecolier. Il est certain que cela choque le bon sens , & qu'il est mal-aisé de répondre serieusement à des discours qui le paroissent si peu ; neanmoins je vous prie, avant de finir cette conversation de m'en faire voir tout le faux , tant pour satisfaire la curiosité que j'ay de connoitre cet art , que pour leur faire comprendre qu'ils manquent de jugement.

Le Maître. Je prens trop de plaisir à vous en faire pour negliger vôtre curiosité. Et pour répondre à la premiere de leurs reveries , que leur Maitre rend bien-tôt adroit ; je dis qu'à moins d'être borné d'une maniere à croire que l'art des armes ne soit qu'une manœuvre imparfaite de certains coups, sans regle , sans mesure , sans occasion & sans dexterité, l'on ne peut point se figurer que cet

exercice

exercice puiſſe être ſi tôt appris. Il
n'y a point d'art qui n'aye ſa theorie
& ſa pratique. La theorie demande
un tems pour en connoitre les regles & les fineſſes, & la pratique en
demande encore plus ; pour diſpoſer
les parties à executer dans l'inſtant
qui leur eſt propre & avec l'adreſſe
qui leur eſt neceſſaire. Combien de
gens poſſedent ce que les Maitres &
les Ecoliers de qui je parle n'auront
jamais, je veux dire une belle connoiſſance de cet art jointe à une belle
diſpoſition & à un long exercice, leſquels conſiderant ce qu'ils font & ce
qu'ils devroient faire s'en trouvent ſe-
parez par une diſtance bien éloignée.
Si l'on remarquoit que l'on doit unir
dans l'impreveu toutes les parties au
diſcernement de l'œil, qui eſt l'unique moyen de profiter de l'action de
l'ennemi, l'on croiroit pendant long
tems que cela fut impoſſible. On ſçait
que l'on ne peut juger de la fineſſe

P

d'un art sans avoir en soi de la finef-
se & de l'experience. Cela étant que
ne faudra-t-il point pour l'executer
dans sa qualité ; & quoi que des gens
fassent plûtôt que d'autres, les parties étant plus disposées, cela n'est
point contraire à ce que je dis : car
quand on auroit autant de disposition que l'on peut en avoir naturellement, il faut pratiquer les regles
jusques à l'habitude, & l'habitude
étant l'ouvrage d'une action tres sou-
vant reiterée ; on ne peut la reiterer
souvent sans beaucoup de temps, &
ainsi on ne peut point dans peu devenir adroit. S'il m'étoit permis de
prendre à témoin ceux qui possedent
les arts & les exercices, que de nom-
breuses difficultez ne feroient-ils point
paroitre, que les autres gens n'ont
point apperceu : & quoi qu'en tous
on aye besoin de beaucoup d'art &
de pratique, il n'en est point qui en
demande tant que celuy des armes,

la plûpart ne font fujets qu'à un certain point de nerf, de propreté & d'o-
reille; avec ces parties l'on peut bien
dancer, bien voltiger, & bien faire
des longues armes, c'eft à dire de la pi-
que, du drapeau, &c. A la dance,
on n'eft point fujet à des oppofitions où
la conduite & le courage puiffent être
en ufage. A voltiger, & le refte; eft-ce
qu'un cheval immobile, ou des armes
qui obeïffent au mouvement empê-
chent d'executer ce que l'on fçait?
Mais à fe fervir d'une épée, outre les
qualitez des autres exercices, il faut
vaincre tout ce que l'adreffe, la valeur, & le defefpoir peuvent faire pratiquer. Combien de tems, dit un habile Academicien, pour dancer comme l'on marche, pour chanter comme l'on parle, & pour parler comme
l'on penfe? c'eft à dire, pour en faire venir les manieres, & les expref-
fions comme naturelles. Cela étant,
que peut-on dire de l'art des armes,

où tant de parties doivent quadrer à leur instant & à leur qualité, si ce n'est que, pour rendre naturelles tant de choses opposées au naturel, il faut beaucoup d'art & de pratique. Si ces raisons ne suffisent point à des gens partialisez par quelque prevention, l'expérience pourra la detruire, lors qu'ils avancent que d'estre montré par certains Maitres l'on est adroit dans six mois, je serois de leur sentiment quelque raison que j'aye de n'en estre point, si parmi ceux que ces Maitres ont montré pendant le double & le triple de ce tems, l'on peut m'en montrer un qui ait la moindre teinture de cet art.

L'Ecolier. On ne peut mettre en doute, aprés ce que vous venez de dire, que l'adresse ne soit la fille du tems & de la pratique; je me figure qu'il est du Maitre & de l'Ecolier, comme du cachet & de la cire; l'on sçait que pour excellente qu'en soit la graveure, elle eſt inutile ſi l'on ne diſpoſe la cire à en recevoir l'empreinte. Un écolier eſt roidi, il faut luy donner de la ſoupleſſe ; il eſt peſant, il faut le rendre leger ; il eſt mol, on doit luy procurer de la vigueur ; ſes parties ſont deſunies, on doit les regler ; il eſt ſans gout & ſans connoiſſance, on doit luy donner l'un & l'autre : cela ſe peut-il dans peu, à moins que l'on n'appelle adreſſe ce que de gens naturellement decouplez executent à tort & à travers, je veux dire où l'on voit plus le deſordre de la nature que les regles de l'art.

Le Maître. Si les gens avoient de l'intelligence ils remarqueroient qu'il n'y a rien de ſi dificile que de battre un homme qui ſçait ſe deffendre, & qui ne veut point eſtre battu. Mais voyons leur deuxiéme erreur. Ils diſent que dans leur Salle l'on fait d'abord aſſaut, ce ſeroit, ſuppoſé que la leçon eût quelque regle, l'unique moyen de ne la point suivre. Il faut de necessité deux choses, avant de si exercer; la premiere, une connoissance de ce que l'on doit pratiquer & éviter; & la deuxiéme, un certain point de regle & de fermeté aux parties, ce qui ne se peut que par l'habitude d'une juste metode dans la leçon. Ce tems d'habitude se prend moins par le mois d'exercice, que par le progrez à quiter les defauts naturels, & à fortifier les regles de l'art, même quand l'on travailleroit long tems, si l'on n'observe la metode que j'ay decrite dans mon livre. L'on ne fait jamais bien assaut, par la difference qu'il y a d'un Maitre qui avertit & aide, à un homme qui tache à déranger. Si ceux qui ont de la connoissance & de la pratique ne peuvent sans ces regles imiter les leçons dans l'assaut, que peuvent faire ceux qui veulent s'exercer, sans sçavoir les moyens, ni à quoi s'exercer; semblables à ces gens qui ne sçachant point le chemin qui conduit d'un endroit à un autre, lesquels après avoir beaucoup couru se trouvent plus éloignez qu'avant leur départ. Ces personnes pour s'être exercées plûtôt qu'il ne falloit, ou d'une maniere contraire à la regle font plus dificiles à devenir adroits qu'ils ne l'étoient naturellement. Pour estre persuadé de cette verité, il ne faut que remarquer ceux qui font assaut avant le point de connoissance de liberté & de fermeté qu'ils doivent avoir; c'est là où l'on étale quelque chose de plus defectueux que le naturel, une situation entreprise & dérangée, des mouvemens déreglez, des parades sans forme, des feintes perilleuses, des attaques desordonnées, point de fermeté ni de mesure, point de connoissance des tems, parant lors qu'il faut pousser, & poussant lors qu'il faut faire autre chose, en un mot le contraire de la regle &

de la raison. J'ay dit de pis que le naturel, parce que dans la leçon avant de s'attacher au bien, il faut détruire les plus grands défauts, car c'est dans ces défauts où consistoit la force & la liberté naturelle de ceux qui n'ont point été montrez, & qui pouvoient leur faire avoir quelque succez entre des mal adroits : mais le peu d'habitude sur la leçon, au lieu d'avoir détruit ce dereglement n'a fait que l'affoiblir, & n'a point eu le tems de fortifier la qualité, laquelle n'étant qu'ébauchée est facilement détruite par l'assaut. On me dira que sans l'assaut on ne peut point être adroit, j'en conviens, c'est par là que l'on parvient au terme qu'on se propose dans la leçon, supposé qu'il soit fait dans le tems, dans la maniere, avec les personnes & l'application qu'il faut : mais si on s'oppose à ces circonstances, on ne peut disconvenir que son effet ne soit de même opposé à l'adresse. *L'Ecolier*.

L'Ecolier. Je goute par ce discours que la leçon étant la figure de l'assaut, comme l'assaut celle du combat, l'on doit la pratiquer long tems, afin qu'elle serve d'une juste habitude à l'assaut. L'art n'étant que pour donner un beau naturel : il ne le peut qu'après avoir détruit ce que ce dernier a de mauvais, & fortifié par la pratique ce que la regle a de beau & de certain. Mais voyons, je vous prie ce que ces innocens veulent dire avec leur jeu de force, & propre à dégourdir.

Le Maître. Ceux qui disent que c'est un jeu de force & propre à dégourdir ignorent l'un & l'autre. Ce qui donne cette grande vitesse & vigueur aux parties que les ignorans nomment force, loin d'être comme ils ont crû l'effet d'une action rude & grossiere, n'est autre chose que la disposition, la pratique, le parfait placement des parties, l'air & la regle

du mouvement. Le placement demande le point le plus propre pour la
bonne grace, la liberté & la vigueur,
afin de diſpenſer également à toutes
les parties leur force & leur ſoupleſſe,
car ſi quelqu'une ſe trouvoit roidie
ou affaiſſée, elle ne pourroit non ſeulement agir dans ſa qualité, mais elle altereroit la juſteſſe & la vigueur
des autres, au lieu de s'ayder mutuellement, répandant une égale liberté
dans leurs differens reſſorts ; & comme le principal eſt celuy qui ſert d'appuy & de baze aux autres, lequel
communique plus ou moins de liberté & de fermeté qu'il en poſſede :
c'eſt de l'appuy par le ployement du
génoüil gauche que je parle, lequel
comme tous les autres reſſorts prend
ſa force de ſon ployement, de ſon
équilibre & de la fermeté de l'ob-
jet ou du terrrain ; le ployement
doit eſtre dans la ſituation la plus propre à pouvoir également rompre la

mesure, & detacher le coup avec force; la fermeté dépend de la distance des piés, de leur allignement, & de l'appuy à plomb de l'épaule gauche sur le talon du même pié. C'est l'unique regle à posseder la force & la liberté des parties, dans leur situation & dans leur action. Il est vrai qu'elle n'est observée que de peu de Maitres, & que ceux de qui je parle n'y ont point de part.

L'Ecolier. Il est vrai que ces Maitres n'y ont point de part, je les ay vûs faire pousser d'une maniere, qui, loin de procurer les aides qui donnent la liberté & la force aux parties, ne font que les roidir & les affoiblir. Il faut de l'intelligence pour donner cet air d'aisance & de vigueur qui donne la force à la force, si je puis me servir de ce terme, A la lutte, ou à jetter une pierre, la seule force n'est point ce qui fait toujours porter un homme à terre ou jetter une pierre plus loin, la regle du mouvement en fait plus qu'elle, & fait voir que ceux qui l'ignorent loin de degourdir & de fortifier détruisent l'un & l'autre. Passons je vous prie à leur jeu d'épée.

Le Maître Lors qu'ils avancent que c'est un jeu d'épée, il ne faut pour leur répondre qu'examiner ce que c'est que jeu d'épée & jeu de salle. Jeu d'épée veut dire une metode qui demontre égallement la seureté de l'attaque & de la défense, par des regles demonstratives. Jeu de salle doit être le modelle sur lequel on doit former celuy de l'épée, n'entreprenant que ce que la raison fait voir sans risque, au moyen de l'art & de la pratique, ne s'abandonnant qu'aprés avoir preveu le fruit & le danger d'une action ; au lieu que plusieurs montrent d'entreprendre de quelle façon que ce soit, & ceux qui aprenent executent tout par le peu que l'on risque au fleuret; l'on doit donc dire que ceux qui font de cette maniere ne pratiquent point un jeu d'épée , & que c'eſt plûtôt un deſordre perilleux qu'une metode à conſerver ſon honneur & ſa vie. Pluſieurs diſent qu'à l'épée l'on n'oſe point ſuivre les regles. Mais quelle raiſon de les craindre & de n'apprehender point ce qui eſt dereglé.

L'Ecolier. Quelle difference du jeu d'épée que vous montrez à celuy que font exercer ces ignorans ; par l'un , on ne donne point priſe à l'ennemi; par l'autre , on eſt toujours en butte à ſes coups. Si une faute expoſe à perir , que ne fera point un deſordre continuel? Peut-on donner le nom d'art à ce qui fait riſquer de recevoir. Si l'on combat pour la victoire, n'eſt ce pas s'expoſer autant de fois à la perdre, que l'on fait des manque-mens. Ces manieres ſans meſure & ſans occaſion, n'ont-elles pas plus de

rapport au defefpoir qu'à une metode pour vaincre. Mais que dites-vous
touchant ce qu'ils avancent, qu'il
n'eft point neceffaire dans un combat, d'avoir des rufes ni des bottes
fines.

Le Maître. A moins de mefeftimer les Capitaines qui ont acquis le
furnom de fameux & de grand, par
leur experience & leurs ftratagemes,
l'on ne peut qu'eftimer dans le combat fingulier, les feintes & les rufes
qui procurent les moyens à furmon-
ter l'ennemi. Vante qui voudra, pour
moi je ne fçaurois eftimer l'avantage
qu'un homme, qui a exercé un certain tems, peut avoir fur un ennemi
d'une difpofition à peu prés égale s'il
n'a point pratiqué cet art, ou bien
l'ayant autant exercé fi fa difpofition
étoit beaucoup inferieure, le fuccez
que l'on a dans ces differens cas, eft
plus fujet à l'habitude & au beau
naturel qu'à la fineffe de cet exercice.

Le seul endroit qui la montre en son jour, c'est lors que les foibles triomphent des forts, les petits des grands, les moins disposez de ceux qui ont le plus de disposition. C'est dans ces divers états que l'art surmontant la nature fait voir que sans luy la plus accomplie tient du manque d'adresse. Ce n'est pas que l'on doive toujours se servir de ce grand art, il est certains ennemis que l'on peut vaincre sans le mettre en usage ; les coups les plus naturels & les plus simples peuvent contre des inferieurs ou des negligens avoir un heureux succez, mais contre d'autres plus avisez & plus adroits, l'on doit mettre en pratique ce que l'art & l'experience ont produit de subtil & de reglé ; l'on a d'autant plus besoin de l'art que le naturel est defectueux, ou que l'ennemi est habile, lors que les coups droits ou par des simples dégagemens, ne reüssient pas à cause de la lenteur ou de la mollesse; l'on doit avoir recours aux feintes & aux ruses que l'invention a mis en usage, étant certain que plus on en possede, & plus on a des moyens à vaincre. Lors que j'ay comparé l'homme adroit au fameux Capitaine, je n'ay pretendu parler que pour la maniere de camper, & de faire agir les troupes. Cet ordre de bataille où tant de differens corps sont disposez à s'ayder mutuellement, est representé par un homme bien en garde, où toutes les parties sont placées avantageusement à se servir l'une & l'autre; les marches, les contre-marches, pour intriguer, gagner le vent, le terrein ou le soleil. Ces attaques fausses ou veritables, ces retraites pour attirer, ou pour se défendre, sont des stratagemes également usitez, pour vaincre ou se garantir d'une armée, comme ils le sont dans le combat singulier, pour se défendre ou surmonter son ennemi

L'Ecolier

L'Ecolier. Je n'ay point été de-
çû dans l'espoir que vos discours auroient autant de force que les leurs
ont de foiblesse. Quelle simplicité
de dire qu'il ne faut point de ruses,
ni de bottes fines dans un Art, lequel sans ses parties ne sçauroit se
soutenir, ni porter le nom d'Art. Il
n'est point d'exercice où l'on ne tâche d'en pratiquer la finesse. Le seul
Art des Armes en doit-il être exclus,
parce qu'il montre à conserver l'honneur & la vie ? Quelle foiblesse!
Cependant je ne m'apperçois pas
qu'il est tems de finir & de vous
remercier. L'idée que vous m'avez
donnée des Armes avec tant de bonté me fait esperer la même grace
dans la pratique, afin que par le
tems & l'application que j'y employe-
ray, je sois en état de vous donner
quelque plaisir, aprés vous avoir don-
né tant de peine.

F I N.

R

FAUTES.

PAge 3. ligne derniere, au lieu d'un, lisez d'une.
P. 15. l. 20. l'égalité, lisez l'agilité. P. 16. l. 11.
pour, lisez par. Même page l. 18. supprimez &.
P. 41. l. 12. ou, lisez &. P. 42. l. 20. ion, lisez le.
P. 49. l. 7. huit, lisez dix-huit. P. 56. l. 3. donne,
lisez donnent. P. 67. l. 10. supprimez &. P. 87. l.
10. la, lisez le. P. 120. car, lisez &.

9 782019 624149